O lado bom do prazo

O lado bom do prazo

christopher cox

Tradução:
Carolina Candido

Diretor-presidente:
Jorge Yunes
Gerente editorial:
Luiza Del Monaco
Editores:
Ricardo Lelis, Gabriela Ghetti
Assistentes editoriais:
Júlia Tourinho, Mariana Silvestre
Suporte editorial:
Juliana Bojczuk, Letícia Ono
Estagiária editorial:
Emily Macedo
Coordenadora de arte:
Juliana Ida
Designer:
Valquíria Palma
Assistentes de arte:
Daniel Mascelani, Vitor Castrillo
Gerente de marketing:
Claudia Sá
Analistas de marketing:
Heila Lima, Flávio Lima
Estagiária de marketing:
Carolina Falvo

The Deadline Effect
© 2021 by Christopher Cox
© Companhia Editora Nacional, 2022

Todos os direitos reservados. Nenhuma parte desta obra pode ser reproduzida ou transmitida por qualquer forma ou meio eletrônico, inclusive fotocópia, gravação ou sistema de armazenagem e recuperação de informação sem o prévio e expresso consentimento da editora.

1ª edição — São Paulo

Preparação de texto:
Thiago Fraga
Revisão:
Laila Guilherme, Leila dos Santos
Diagramação:
Marcos Gubiotti
Capa:
Angelo Bottino

DADOS INTERNACIONAIS DE CATALOGAÇÃO NA
PUBLICAÇÃO (CIP) DE ACORDO COM ISBD

C877p	Cox, Christopher
	O lado bom do prazo / Christopher Cox ; traduzido por Carol Candido. - São Paulo, SP : Editora Nacional, 2022.
	176 p. ; 16cm x 23cm.
	Tradução de: The Deadline Effect
	ISBN: 978-65-5881-093-3
	1. Administração. 2. Negócios. 3. Sociedade. 4. Procrastinação. 5. Hábitos de vida. I. Candido, Carol. II. Título.
2022-275	CDD 658.4012
	CDU 65.011.4

Elaborado por Vagner Rodolfo da Silva - CRB-8/9410
Índice para catálogo sistemático:
1. Administração : Negócios 658.4012
2. Administração : Negócios 65.011.4

Rua Gomes de Carvalho, 1306 - 11º andar - Vila Olímpia
São Paulo - SP - 04547-005 - Brasil - Tel.: (11) 2799-7799
editoranacional.com.br - atendimento@grupoibep.com.br

› Para Georgia.

Sumário

- Introdução. 9
- Criando pontos de verificação:
  restaurantes Jean-Georges. 23
- Planejando de trás para frente:
  lírios da Páscoa e jatos da Airbus 47
- Uma pré-inauguração vigorosa:
  estação de esqui Telluride. 66
- Dando foco à sua missão:
  campanha presidencial de John Delaney. 86
- Revisar, revisar, revisar:
  Scaled Robotics e Public Theater 106
- Tornando-se um "monstro guiado por missões":
  Best Buy 133
- Dominando o efeito prazo:
  Força Aérea dos Estados Unidos. 156
- Epílogo 169
- Agradecimentos. 174

Introdução

Em 2006, uma funcionária do censo norte-americano chamada Elizabeth Martin desenvolveu um experimento. A cada dez anos, o governo federal tem a obrigação constitucional de contar o número de pessoas em cada estado, o que, a cada década, causa dor de cabeça. A maior parte do censo é feita pelo correio, e, ao que tudo indica, é extremamente difícil fazer as pessoas responderem a perguntas detalhadas sobre suas vidas tendo como incentivo algo tão insignificante quanto o senso de dever civil.

Se você for morador de uma das residências que não enviam pelo correio a resposta ao questionário, o governo enviará um recenseador para o seu endereço a fim de conduzir a entrevista pessoalmente. Essa é uma abordagem cara, que requer milhares de funcionários batendo em milhões de portas. Martin queria descobrir o que ela poderia fazer para elevar a quantidade de respostas enviadas pelo correio para o censo de 2010 e para retirar alguns recenseadores das ruas. Até mesmo um pequeno progresso faria uma diferença significativa: para cada aumento nos pontos percentuais de respostas de moradores, o governo pouparia US$ 75 milhões.

O Departamento do Censo dos Estados Unidos havia tentado uma variedade de truques para fazer as pessoas responderem aos formulários. Os membros da equipe ajustaram o design do questionário, adicionaram avisos sobre penalidades para aqueles que não respondessem e enviaram uma enxurrada de lembretes postais. Todas essas tentativas tiveram efeito modesto. Mas, em seu experimento, Martin tentou algo mais simples: dar menos tempo para as pessoas responderem. O mesmo questionário com a mesma data do censo – 13 de abril de 2006 – foi enviado para dois grupos de pessoas, no entanto um deles recebeu uma semana depois do outro.

Martin enviou o questionário para mais de 28 mil residências, em todos os 50 estados, e esperou os formulários retornarem. Quando isso ocorreu, ela percebeu que o seu palpite havia sido correto: o segundo grupo – aquele com sete dias a menos para responder o formulário – teve uma taxa maior de resposta, com dois pontos percentuais a mais. Ainda mais significativo para uma funcionária do censo, que, necessariamente, era obcecada pela qualidade de seus dados, o grupo com menor prazo cometeu menos erros nas respostas. Quando essa medida fosse implementada em todo o país, a confiabilidade dos dados do censo iria aumentar de maneira significativa. E, é claro, o objetivo dos dois pontos percentuais era economizar US$ 150 milhões, simplesmente com o ajuste do prazo.

Os resultados do simulado do censo foram contraintuitivos, mas não me surpreenderam. Eu havia conduzido um experimento similar por conta própria. Um redator chamado John estava prestes a escrever a matéria de capa da revista *GQ*, na qual eu era o editor-executivo. Nós o trouxemos de Los Angeles para entrevistar Diddy – também conhecido como Puff Daddy – a respeito de rumores de um álbum novo. Também enviamos um fotógrafo para tirar fotos de Diddy em diversos carros de luxo, contratamos uma equipe de vídeo para fazer uma pequena filmagem dos bastidores e vendemos espaços para anunciantes em todo o pacote. Era uma grande produção, e o centro de tudo isso eram John e as 5 mil palavras que atribuímos a ele para escrever.

John era conhecido por ignorar os prazos. Supostamente, ele teria se atrasado alguns *anos* em uma missão para a *The New Yorker*. Era um articulista incrivelmente talentoso, alguém que poderia enaltecer praticamente qualquer coisa – incluindo, hã, deixe-me ver, uma entrevista com uma lenda do hip-hop pouco colaborativa – para o nível de arte. Se você conseguisse fazê-lo entregar um rascunho.

Eu já havia trabalhado com John, o que, com frequência, requeria dezenas de ligações telefônicas, inúmeros e-mails e muita espera angustiante para que ele começasse a escrever. Nós planejávamos que uma reportagem fosse publicada, digamos, na edição de fevereiro, e inevitavelmente ela tinha de ser adiada para março, abril ou dezembro.

Mas dessa vez era diferente: essa seria a matéria de capa de abril e não podia ser adiada para uma edição posterior. Todo o aparato construído em torno do artigo iria ruir se não tivéssemos o perfil de Diddy escrito no centro disso.

Então, menti para John. Falei para ele que o prazo final e impreterível para a entrega da matéria era uma semana antes da data real. John, bendito seja, tinha quase certeza de que eu estava mentindo, ao menos um pouco. Nenhum editor, em sã consciência, mencionaria para um redator o verdadeiro prazo final para uma reportagem. Mas ele provavelmente imaginou que eu estivesse tentando ganhar um ou dois dias, o que é o padrão em negociações entre editores e jornalistas difíceis. A estratégia, nesse caso, foi conceder a ele tão pouco tempo para finalizar a matéria que ele deveria começar a trabalhar nela de imediato.

John escreveu o artigo em um documento compartilhado, para que eu pudesse acompanhar o progresso dele enquanto a temida data se aproximava. Três dias antes do prazo: não havia nada lá. Dois dias: ainda nada. Na noite anterior, finalmente, um parágrafo apareceu, mas então John começou a alterar a ordem das palavras, mexendo infinitamente nas primeiras seis frases sem fazer mais nenhum avanço. O tempo todo, eu enviava sinceros e esperançosos e-mails sobre como a linha de chegada estava bem próxima do horizonte! Acabei indo dormir.

Na manhã seguinte, abri o documento e havia uma enorme quantidade de texto. Uma seção nova inteira. E, graças ao Google Docs, eu podia ver o cursor de John, disparando ativamente novas palavras. Lembrei-me do que o dramaturgo Tony Kushner disse a um repórter (sobretudo para a coluna Vows do *The New York Times*) a respeito de seu processo criativo: "Eu trabalho melhor após o prazo ter expirado, quando estou em pânico".

O meu único arrependimento foi não ter dito a John que o prazo era ainda mais curto. Mas isso seria mesquinho. Ainda restava uma semana, e John já havia escrito milhares de palavras. No fim da noite da data-limite de entrega, ele me enviou uma mensagem: "Estou quase finalizando o rascunho. Por favor, mantenha a ponte levadiça abaixada por mais vinte e quatro horas. Eu não vou decepcionar você".

Em um determinado momento entre o prazo falso e o verdadeiro, tínhamos algo pronto para ser impresso. Eu me apressei para o departamento de produção e entreguei aos verificadores. John retornou para um feliz estado de não escrita, Diddy entrou no seu Maybach e dirigiu para longe, e a edição de abril foi lançada conforme planejado.

Eu já sabia que um prazo era uma força potente o suficiente para vencer até os piores casos de bloqueio de escrita. Mas aprender que definir um prazo antecipado aumentava as chances de que ele fosse cumprido – uma descoberta replicada em estudos muito além do Departamento do Censo dos Estados Unidos e dos escritórios da GQ – foi revelador. Prometia, em essência, uma produtividade equivalente à marcação intensa no basquetebol.

Como editor, sou obrigado a me importar com prazos. Não é uma coincidência que a palavra em inglês, *deadline*, tenha se originado no mundo das publicações. *Deadline* era, originalmente, a linha, em uma máquina de impressão, além da qual não podia ser inserido nenhum caractere – apesar de o mundo das publicações ter pegado o termo emprestado dos militares: durante a Guerra Civil, "*dead-line*" era um limite cercando a barricada, fora do qual não se poderia atirar em nenhum prisioneiro à vista. No início do século XX, a palavra passou a significar não somente os limites físicos de um campo de batalha ou de uma página, como também o momento em que uma reportagem deveria ser entregue.

O termo tornou-se um grande sucesso conceitual, espalhando-se para indústrias muito além dos jornais e revistas. Ele carrega um senso de urgência e ameaça, que pode ser útil para todos os tipos de empreendimentos baseados em lucros e maximização de produtividade. Compare o termo com o seu equivalente em francês, *délai*, que pode significar prazo ou atraso, e você encontrará um simples resumo das diferenças entre a vida em Nova York e Paris.

Os gregos antigos, no entanto, tinham a palavra que mais se aproximava da essência de um prazo. A maioria de nós conhece a palavra grega para o tempo comum, *chronos* – a velha e usual batida da existência, o fluir do tempo que nos leva do nascimento à morte. Mas há outra palavra para tempo, *kairos*, que se refere ao momento oportuno, um instante para decisões e ação: a flecha puxada e prestes a ser liberada. Ainda que os gregos sempre retratassem o deus que representava *chronos* como um homem velho, as estátuas de *kairos* eram jovens e alegres. Aesop o descreveu como careca, exceto por um cacho de cabelo disposto em sua testa: "Se você o capturar pela frente, talvez consiga segurá-lo, mas, uma vez que ele se mova, nem mesmo Júpiter pode puxá-lo de volta".

É esse segundo conceito de tempo, *kairos*, o momento oportuno, que dá vida a um prazo. Ele também conversa com duas ideias que você encontrará conectadas neste livro. A primeira é que prazos são motivadores poderosos – o deus é jovem e vigoroso. Em segundo lugar, prazos podem ser manipuláveis – você pode capturá-los, mas somente se souber como lidar com isso.

A evidência para a primeira noção é sólida. Muitos anos atrás, os cientistas comportamentais Amos Tversky e Eldar Shafir configuraram um experimento simples. Eles ofereceram 5 dólares para que estudantes preenchessem um longo questionário e o devolvesse a eles. Um grupo de estudantes teve cinco dias para completar a tarefa; o outro grupo não tinha prazo. Os resultados não foram nada ambíguos: 60% dos estudantes com um prazo retornaram o questionário e pegaram os seus 5 dólares. Somente 25% daqueles sem prazo terminaram a tarefa.

Em 2016, a Kiva, uma organização sem fins lucrativos que emprestava dinheiro para empreendedores de baixa renda, fez uma demonstração concreta do mesmo princípio. A Kiva queria encorajar mais pequenos empreendedores a solicitar seus empréstimos com isenção de juros, mas, além de consumir muito tempo, o processo era complicado: potenciais mutuários precisavam preencher oito páginas de informações financeiras e planos de negócios. Somente 20% dos negócios que começavam uma aplicação online a finalizavam.

A Kiva então decidiu fazer um teste: eles iriam enviar e-mails de lembrete para todos aqueles que haviam começado e abandonado um formulário de aplicação. Um grupo iria receber um e-mail com um prazo final para poder aplicar para o empréstimo; o outro não teria um prazo final. Kristen Berman, que escreveu acerca dos resultados para a *Scientific American*, ressaltou uma potencial armadilha nessa abordagem: "Se o processo requer que o dono de um pequeno negócio invista uma quantidade significativa de tempo, então colocar um prazo deveria *diminuir* o número de requerentes. As pessoas não terão tempo de preencher os formulários e perderão a data-limite". Mas não foi isso que aconteceu. Os pequenos empresários que receberam um prazo tinham um percentual de chance de 24% a mais de completar suas aplicações. Não era o tempo que estava segurando essas companhias; era a motivação. A Kiva começou a emitir muito mais empréstimos.

Prazos podem encorajar o comportamento produtivo. Sinto informar, entretanto, que eles têm um lado obscuro. Eles não são apenas um truque de magia que coloca 5 dólares no bolso dos estudantes; podem, também, puxar o tempo e a energia para si como um buraco negro. O problema é que, assim que você decide um prazo, o trabalho tende a ser adiado até um pouco antes do término. Há um nome para esse fenômeno: efeito prazo.

Economistas e teóricos de jogos amam falar sobre efeito prazo, em geral no contexto de uma negociação envolvendo duas partes: um sindicato e uma corporação, digamos, tentando decidir em relação a um novo contrato. Dois grupos se sentam à mesa de negociações, e algo de estranho acontece. De acordo com um estudo de economistas do Instituto de Tecnologia de Massachusetts (MIT): "Um prazo firme é com frequência imposto em negociações de modo a prevenir que elas sejam arrastadas indefinidamente. A ironia é que, esses prazos por si sós, muitas vezes, levam as partes a adiar o acordo". O efeito prazo é a maldição que mantém os trabalhadores do transporte público e a cidade em um beco sem saída até a véspera da greve. É a razão de tantos acordos serem alcançados "nos degraus do tribunal".

Os acadêmicos que estudam o efeito prazo geralmente concordam que ele é mau – é poderoso, mas destrutivo. Acordos de última hora tendem a ser piores para todas as partes em comparação com o que poderia ter sido acordado se ambos os lados tivessem mais tempo, pelo mesmo motivo por que um trabalho acadêmico feito no último minuto será pior do que um elaborado muito antes do prazo e meticulosamente revisado.

Os riscos, é claro, podem ser ainda mais altos do que esse. Em 1992, em um esforço para acelerar o processo de aprovação para novos medicamentos prescritos, o Congresso organizou prazos para as decisões tomadas pelo Departamento de Saúde e Serviços Humanos dos Estados Unidos (FDA). O FDA logo acumulou um número elevado de aplicações de medicamentos para serem processadas – e aprovou muitas delas pouco antes de o prazo se encerrar.

Um estudo realizado em 2012 mostrou que esses medicamentos com prazo para serem aprovados tinham maior propensão para precisar de avisos de segurança e serem removidos do mercado. "A retirada baseada na segurança é 6,92 vezes maior para um medicamento aprovado nos dois meses anteriores ao prazo de aprovação do que para medicamentos comparáveis aprovados em outras ocasiões", escreveram os autores. "Esses eventos pós-mercado estão associados a dezenas de milhares de hospitalizações adicionais, reações adversas a medicamentos e mortes." O Congresso tinha um plano inteligente – usou um prazo para fazer a FDA agir mais rapidamente. Entretanto, não levou em consideração as consequências, uma vez que as novas regras empurraram as decisões para o último minuto e apressaram as avaliações de risco da agência.

O frustrante em relação a organizações como o FDA, que são vítimas do efeito prazo, é que ele pode ser evitável. Muitas empresas aprenderam a aceitar a urgência que um prazo fornece e a descartar todos os imprevistos absurdos. Eles são todos mestres na arte de manipular prazos: aprenderam a trabalhar como se fosse o último minuto antes do último minuto. Este livro contará as histórias deles.

É hora de trazer uma palavra que tenho evitado até agora: procrastinação. Após esta introdução, esse tópico raramente virá à tona. Não é porque as pessoas que você vai conhecer nos capítulos que se seguem não são afetadas pela procrastinação. É porque este é um livro sobre organizações, e organizações eficientes, especialmente aquelas sobre as quais escrevo aqui, criaram sistemas para derrotar a procrastinação sem mudar a psicologia humana básica. Ainda assim, para entender como os prazos funcionam, temos que entender seu lado ruim.

As primeiras pessoas a utilizarem a palavra *procrastinação* estavam preocupadas exatamente com isto: o bom e o mau, a danação e a salvação. Procrastinação era "o pior dos mecanismos do diabo", Anthony Walker, o pároco de Fyfield, escreveu em um sermão de 1682. Walker referiu-se a um tipo específico de atraso, no entanto: postergar o arrependimento. Jonathan Edwards, o grande missionário americano, retomou o tema algumas décadas depois, pregando: "Como você pode razoavelmente ser fácil ou tranquilo por um dia, ou uma noite, em tal condição, quando você sabe que o seu Senhor virá esta noite? E se você fosse encontrado, como está agora, em pecado, quão despreparado estaria para essa vinda, e quão temida seria a consequência!". O título desse sermão era "Procrastinação, ou o pecado e a insensatez de depender do tempo futuro".

Hoje as nossas preocupações são mais laicas, mas o flagelo é o mesmo. O psicólogo George Ainslie descreveu a procrastinação como "o impulso básico", um defeito humano "tão fundamental quanto o moldar do tempo". Uma meta-análise de pesquisa em procrastinação feita por Piers Steel, professor da Universidade de Calgary, sugeriu que cerca de 20% dos adultos (e 50% dos estudantes universitários) consideram-se procrastinadores crônicos, e o problema está aumentando. Isto também custa muito: uma pesquisa feita pela H&R Block concluiu que nós pagamos mais impostos sobre rendimentos do que deveríamos em cerca de US$ 473 milhões porque procrastinamos em fazer nossas declarações.

O mecanismo psicológico da procrastinação é amplamente conhecido. Não é que as pessoas não gostem apenas de fazer tarefas desagradáveis: se isso fosse uma aversão controladora, nada seria feito. O problema é que somos inconsistentes com o tempo e propensos para o presente: tendemos a subestimar os custos e as recompensas quanto mais longe estiverem no futuro, um processo chamado *desconto hiperbólico*. Não se deixe confundir pelo jargão: isso significa apenas que subestimamos (desprezamos) exageradamente (hiperbolicamente) o valor de ganhos e perdas futuros. Assim, a satisfação de terminar um projeto (uma recompensa futura) não tem chance contra a diversão de matar o tempo por um dia. Da mesma forma, a dor de fazer hoje um exame de sangue é maior do que a possibilidade de fazer um exame de aptidão física daqui a seis meses. Os humanos não são os únicos a sentir essa aflição. Foi demonstrado que ratos preferem um choque maior e retardado a um choque menor e imediato. (Li essa descoberta em um artigo de jornal chamado "Procrastinação dos pombos".)

Da mesma forma, tendemos a superestimar quanto tempo teremos no futuro, o que leva a alguns resultados surpreendentes quando se trata de atividades que em geral não teríamos motivo para adiar. Em um estudo chamado "Procrastinação de experiências agradáveis", Suzanne Shu e Ayelet Gneezy compararam turistas que passam duas semanas em Chicago ou Londres e residentes que viveram nessas cidades durante um ano completo. Os turistas, que não podiam se enganar pensando que teriam mais tempo no futuro, haviam visitado mais pontos turísticos das cidades do que os locais.

O mesmo erro de cálculo do tempo afetou os participantes de outro experimento que Shu e Gneezy realizaram. Elas distribuíram cupons para ganhar uma fatia de bolo em uma confeitaria. Um conjunto de cupons expirava em três semanas; o outro, em dois meses. Elas pesquisaram os destinatários e descobriram que apenas metade das pessoas com um cupom de três semanas estava confiante de que o usaria, enquanto mais de dois terços das pessoas com o cupom de dois meses achavam que o fariam. Na realidade, 31% dos cupons de três semanas e insignificantes 6% dos cupons de dois meses foram resgatados. Os 94% sem bolo simplesmente pensaram que teriam mais tempo depois.

Há uma literatura toda dedicada a destruir esses preconceitos inatos por meio de alguma reorganização criativa de nossa "mobília mental". Com a estrutura mental certa, o mantra certo, a dose certa de força de vontade, conforme argumentam essas publicações, podemos pôr fim à procrastinação e entrar alegremente em uma vida nova e produtiva. Há outra abordagem, no entanto, que não coloca tanto peso na perspectiva de curar a falibilidade humana. É uma maneira de ampliar nossa autodisciplina ao externá-la.

Em um ensaio chamado "Procrastinação e a garantia estendida", dois professores de filosofia, Joseph Heath e Joel Anderson, discutem como a cognição é mais bem pensada não como o disparo de neurônios no vácuo, mas como a interação entre cérebro, corpo e meio ambiente. Eles citam o exemplo da multiplicação: embora poucas pessoas possam multiplicar mentalmente números de três dígitos, quase todos podem fazê-lo no papel. "Quando tentamos caracterizar seres humanos como sistemas computacionais", eles afirmam, "a diferença entre 'pessoa' e 'pessoa com lápis e papel' é vasta."

O mesmo vale para todas as iniciativas que tendemos a pensar como puramente mentais. "A pessoa autocontrolada costuma ser vista como aquela que tem a capacidade de exercer uma tremenda força de vontade", argumentam Heath e Anderson, "não como alguém capaz de organizar a vida de uma maneira em que nunca lhe é exigido exercer tamanha força de vontade". A autodisciplina, nesse sentido, vem do estabelecimento de controles externos sobre nosso comportamento. Ulisses não vence a atração do canto da sereia por meio da virtude e da disciplina; ele ordena a seus marinheiros que o amarrem ao mastro.

"Não há muito que possamos fazer, usando nossos recursos 'integrados', quando se trata de controlar a procrastinação", alegam Heath e

Anderson. "Quando se passa para o domínio do meio ambiente, em contrapartida, principalmente do social, o conjunto de estratégias disponíveis torna-se menos restrito." Em vez de realizar uma tarefa difícil com extrema tensão, podemos criar estruturas para nos ajudar a superar nossa inclinação natural para atrasar trabalhos árduos. A boa notícia é que criamos uma estrutura incrivelmente eficaz para resolver o problema de nossa falta de vontade, não requerendo nenhuma habilidade para amarrar nó de marinheiro: o prazo.

Recentemente, conheci a história de Évariste Galois, matemático do século XIX, cuja vida curta e malfadada é um exemplo extremo de prazo no trabalho. Desde cedo, Galois era conhecido por ser brilhante. Suas inovações na teoria dos grupos, ramo da álgebra que Henri Poincaré descreveu como "a integridade da matemática... reduzida à sua forma pura", mantiveram os matemáticos ocupados por quase duzentos anos. O único problema era que, até a intervenção fatídica de um prazo, ele não conseguia colocar as ideias no papel.

Galois nasceu em 1811, em um subúrbio de Paris. Seu pai era prefeito da pequena cidade onde ele cresceu; sua mãe foi responsável por sua educação e evidentemente o ensinou bem. Foi na escola que seus problemas começaram. Ele se sentia impaciente com os colegas que não conseguiam acompanhá-lo intelectualmente. O escritor argentino César Aira, que escreveu sobre Galois em seu romance *Birthday* [Aniversário], conta que, na matemática em particular, "o jovem gênio adquiriu o hábito de executar mentalmente todas as etapas intermediárias e chegar abruptamente aos resultados". Durante um exame de admissão para a Escola Politécnica de Paris, que tinha o programa de matemática de maior prestígio na França, ele jogou uma borracha no rosto do examinador.

Galois foi forçado a se matricular na inferior Escola Normal Superior de Paris, onde, quase inteiramente por conta própria, começou a desbravar novos caminhos na teoria das equações polinomiais. "As pesquisas que tenho feito vão travar aquelas de muitos letrados", gabou-se Galois. Quando tentou enviar seu trabalho para publicação, porém, os revisores o rejeitaram, alegando estar incompleto. Ele tinha tudo certo em sua cabeça, mas não conseguia fazer com que outras pessoas o enxergassem. Um artigo que ele apresentou à Academia de Ciências foi considerado simplesmente "incompreensível": "Reunimos todos os esforços para compreender as evidências de M. Galois. Seu argumento não é suficientemente claro, nem suficientemente desenvolvido para nos permitir julgar seu rigor".

Enquanto Galois estava na Escola Normal, ele tornou-se ativo na política revolucionária. Em julho de 1830, os parisienses saíram às ruas para exigir o fim do governo da dinastia Bourbon e do rei Carlos x. Durante "três gloriosos dias", eles invadiram o Palácio das Tulherias e o Louvre, forçando o rei ao exílio. No fim do ano, Galois publicou uma carta criticando o diretor da Escola Normal por não ter permitido que estudantes participassem dos protestos. A escola o expulsou.

Galois passou o ano seguinte investindo em causas radicais em Paris. "Se uma carcaça for necessária para agitar o povo, eu doarei a minha", disse. Juntou-se à Artilharia da Guarda Nacional, que era abertamente opositora ao novo rei francês, Luís Filipe. Ele passou um tempo na prisão por suas atividades republicanas, incluindo uma restrição por supostamente ameaçar a vida do rei: em um banquete com a presença de Alexandre Dumas, entre outros, ele brindou a Luís Filipe enquanto segurava uma adaga na mão.

Nenhum de seus feitos possibilitou que tivesse muito tempo livre para se dedicar à matemática. Por conta própria, começou a revisar o artigo submetido à Academia de Ciências para torná-lo mais acessível à banca. Poderíamos dizer que Galois estava engajado em um desconto hiperbólico do valor de registrar suas ideias, ou que estava inclinado para as emoções de ser um revolucionário, mas na verdade ele era apenas um garoto obstinado que pensava ter todo o tempo do mundo para ser um matemático.

O fim desse drama veio em maio de 1832, um mês depois de Galois ser libertado da prisão. Em 25 de maio, ele escreveu ao amigo Auguste Chevalier, dizendo que estava se sentindo perturbado, embora não explicasse a causa: "Como posso me consolar quando em um mês esgotei a maior fonte de felicidade que um homem pode ter?". Quatro dias depois, disse a Chevalier que havia sido desafiado para um duelo, que os historiadores atribuíram a um desacordo político ou a uma briga por uma mulher, ou ambos. Horas antes de ir ao encontro de seu adversário, Galois ficou acordado até tarde da noite escrevendo cartas. Redigiu notas curtas para seus amigos republicanos, despedindo-se deles, pois tinha certeza de que iria morrer: "Por favor, lembre-se de mim, já que o destino não me deu vida suficiente para ser lembrado por meu país". Mas Galois passou a maior parte da noite escrevendo febrilmente uma longa carta para Chevalier.

"Meu caro amigo", ele começou, "fiz novas descobertas em meus estudos." O que se seguiu foi página após página com todas as teorias que Galois desenvolveu durante a vida mas deixou de pesquisar a fundo, um último testamento e testemunho da mente matemática que morreria com ele. Galois fez anotações no artigo apresentado à Academia. Escreveu novas evidências e corrigiu outras. Tudo que havia nessa papelada, de acordo com o que ele disse a Chevalier, estivera claro em sua mente havia mais de um ano. Sua escrita crescia freneticamente enquanto o relógio marcava as horas. Na margem de uma página, Galois escreveu: "Ainda há algumas coisas a serem concluídas nesta prova. Eu não tenho tempo". Encerrou sua carta a Chevalier solicitando que ele enviasse o seu trabalho a dois dos principais matemáticos na França, para que pudessem atestar a importância de sua descoberta: "Mais tarde haverá, espero, algumas pessoas que vão perceber as vantagens em decifrar essa bagunça".

O duelo foi travado a vinte e cinco passos, com pistolas. Galois foi baleado no estômago e desmaiou. Seus amigos ou o haviam abandonado, ou foram procurar por ajuda; mas um fazendeiro que por ali passava o descobriu e o levou ao hospital mais próximo. Seu irmão Alfred foi o único membro da família a chegar a tempo ao seu leito de morte. "Não chore", Galois pediu a ele. "Eu preciso de toda a minha coragem para morrer aos 20." Ele foi enterrado em uma sepultura sem identificação.

As teorias de Galois levaram décadas para serem decifradas e entendidas adequadamente, mas agora são uma parte indispensável da nossa compreensão da matemática. Em 1951, o físico teórico Hermann Weyl maravilhou-se com a quase perdida qualidade de tudo e com a sorte de Galois ter conseguido passar uma mensagem final ao seu amigo: "Esta carta, se julgada pela novidade e profundidade de ideias que contém, é talvez a mais substancial peça escrita em toda a literatura da humanidade". Para o pobre Galois, entretanto, não teria sido melhor se ele tivesse encontrado uma melhor fonte de motivação do que a morte iminente?

Évariste Galois e os funcionários sobrecarregados do FDA tinham algo em comum: eles estavam sujeitos a um prazo que não podiam controlar. Esta é a pior forma do efeito prazo: você pode até fazer o trabalho, mas vai se sentir miserável. Com um pouco de pensamento estratégico, você pode mudar a forma como a história termina.

Este livro busca recuperar o efeito prazo, a fim de que esse termo possa descrever sucessos em vez de fracassos. Para isso, procurei exemplos de organizações que desenvolveram uma forma de "força de vontade estendida": sistemas destinados a manter os projetos dentro do cronograma sem sacrificar a qualidade. Afinal de contas, não há nada de inerente no prazo que exija essa troca. Um estudo da Universidade Hebraica afirma que, "quando o tempo para fazer algo – seja a conclusão de um projeto ou a tomada de decisão em grupo – é limitado, as pessoas o desperdiçam menos e tornam-se mais focadas, produtivas e criativas". É uma percepção libertadora: excelência e pontualidade não estão em desacordo.

Analisei nove organizações diferentes enquanto elas se aproximavam de um prazo de alta pressão para entender como lidavam com isso. Na maioria das vezes, eu estava presente quando o relógio marcava o horário exato do encerramento do prazo. As minhas regras para selecionar essas empresas eram simples: eu queria explorar setores diferentes, e o prazo em questão tinha que ser o mais importante do ano, ou de muitos anos.

Nos sete capítulos a seguir, você verá feitos incríveis: a inauguração de um restaurante, uma equipe cobrindo de neve uma montanha inteira, a saída de um jato de passageiros da linha de montagem. Você vai descobrir como uma variedade específica de lírios-brancos vai parar anualmente nas lojas durante a Páscoa, e verá os bastidores de um teatro antes da noite de abertura. Vai se juntar a um esquadrão da Força Aérea preparando-se para fornecer alívio após um furacão, uma loja Best Buy às vésperas da Black Friday, uma startup de robótica se apresentando ao público e uma campanha presidencial rumo às eleições de delegados de Iowa.

Em muitos casos, foram os trabalhadores comuns, e não os gerentes, os mais eficazes no controle dos prazos. Sem ler nenhum artigo na *American Economic Review*, sem fazer um censo ou distribuir bolo grátis, eles sabiam quão eficazes os prazos curtos podem ser, e esse conhecimento criou o espaço para todos os que se seguiram. Da mesma forma, aprendendo como definir e redefinir seu próprio relógio de contagem regressiva, você mesmo pode adquirir o que você mais precisa: tempo para terminar, tempo para revisar, hora de relaxar.

Quero que este livro seja útil para qualquer pessoa que tenha dificuldades em fazer seu trabalho – ou seja, todos nós. Cada capítulo mostrará como as empresas funcionam e conectará o que você vê na prática com os insights fornecidos por cientistas comportamentais, psicólogos e economistas. Mas também haverá momentos em que esses capítulos vão se alongar nos detalhes desses locais de trabalho.

Muitos anos atrás, li um livro chamado *Lithography* [Litografia], de Henry Cliffe. As primeiras linhas permaneceram em minha mente, mesmo tendo esquecido o conteúdo das páginas restantes: "O processo de impressão chamado *litografia* foi inventado por Aloys Senefelder por volta do ano 1798. Histórias relacionadas à descoberta em si são inúmeras e românticas, mas os fatos são incertos e não nos dizem respeito". Que desastre! Quer aprender sobre litografia tanto quanto qualquer um, mas está pulando as partes românticas? Tenha a certeza de que este livro não fará isso. Quando um desvio de rota para a vida de uma organização se provou irresistível, eu o peguei.

Fui editor de revistas quinzenais, mensais e semanais por mais de quinze anos, e pensei que sabia cada truque, macete e trapaça para que as publicações chegassem à gráfica a tempo. Mas isso foi antes de estudar os locais de trabalho sobre os quais você lerá nos capítulos a seguir. Encontrei engenhosidade em níveis que mudaram minha forma de pensar em relação a prazos. Isso me fez mudar a maneira como escrevi este livro.

Ao reunir essas histórias sobre prazos, um sinal pode surgir do barulho de toda uma sociedade em funcionamento. Passamos por um período estranho em nossa vida econômica. Enquanto eu terminava a maior parte do relatório para este livro, antes da pandemia do coronavírus, vi sinais da fragilidade que a crise desencadeou em quase todas as indústrias que observei. Os problemas que enfrentamos agora têm raízes mais profundas do que somente uma emergência de saúde. Mas, apesar desses percalços, todas as organizações contidas nesta obra encontraram uma maneira de ter sucesso. Imagine o que poderia acontecer se elas pudessem começar de novo, aproveitar este momento de transição e transformá-lo em oportunidade. Este livro tem como objetivo falar sobre aquele momento, e para o momento que está prestes a chegar – se pudermos entendê-lo antes que ele passe por nós.

Criando pontos de verificação:

restaurantes Jean-Georges

Numa segunda-feira, dia 13 de maio de 2019, Jean-Georges Vongerichten entrou em um carro em frente ao seu apartamento, em West Village, na cidade de Nova York, e pediu para ser levado ao aeroporto. Aquele poderia ser um momento estranho para deixar a cidade: na terça-feira, ele abriria um novo restaurante em Lower Manhattan, na zona portuária de Brooklyn. Mas Vongerichten não ia voar para lugar nenhum. Estava indo verificar outro restaurante, o Paris Café, que iria abrir na quarta-feira, dentro do novo TWA Hotel no JFK.

Inaugurar dois restaurantes ao mesmo tempo, em dias consecutivos, já seria algo impressionante para as redes Chipotle ou In-N-Out Burger. Para um chef sofisticado como Vongerichten, então, era algo inédito. E isso não fazia parte do plano. As duas inaugurações levaram anos para ser organizadas, ambas vinculadas a projetos de remodelação maiores sobre os quais o chef não tinha controle, podendo fazer pouco além de assistir com horror enquanto os prazos convergiam entre si: a data de inauguração do restaurante à beira-mar, o Fulton, continuava sendo adiada, enquanto aquela reservada ao Paris Café não avançava. Em meados de abril, Vongerichten ainda pensava que teria alguns dias de folga entre eles, mas isso também não se concretizou.

Aos 62 anos, Vongerichten parecia mal-humorado, ou seja o que for quando o mau humor é implantado no rosto de um homem cuja feição-padrão é alegre. O escritor Jay McInerney certa vez o descreveu como um "George Clooney misturado com um *putto* (menino) renascentista", o que é difícil de ser melhorado, mesmo que o chef já tenha passado da meia-idade. Agora, ele se contorcia em sua cadeira e ficava olhando para fora da janela.

Os desenvolvedores do TWA Hotel tinham entregado a cozinha do Paris Café para Vongerichten no dia anterior, ridiculamente atrasados. No Fulton, a cozinha estava pronta seis semanas antes da inauguração, e desde então sua equipe de lá havia treinado sem parar. O objetivo para ambos era simular uma noite que, ainda que fosse de estreia, não se assemelhasse a isso, mas como se o restaurante estivesse funcionando há meses. Àquela altura, parecia que isso só seria possível no Fulton. "É uma pressão enorme", disse Vongerichten.

O Fulton e o Paris Café se tornariam o décimo terceiro e o décimo quarto restaurante dele em Nova York, elevando o total mundial para 38. Em julho, ele adicionaria mais dois, ambos no novo Four Seasons Hotel, na Filadélfia. Quatro restaurantes em três meses é muito, mas 2019 ainda ficava atrás de 2017, quando inaugurou sete, em Nova York, Los Angeles, Singapura, São Paulo e Londres. Esse ritmo era intencional. "Meu sonho", ele me disse, "seria abrir um restaurante por mês e depois me livrar dele."

Mesmo os caluniadores de Vongerichten, aqueles que pensam que os restaurantes individuais sofrem para o bem de todos, têm problemas em esconder sua admiração pelo rolo compressor por ele montado. Um crítico, em uma avaliação relacionada à adição relativamente nova de Jean-Georges ao universo culinário, perguntou se o chef, talvez, poderia ter sido clonado. O próprio Vongerichten credita o sucesso à "fórmula", conjunto de procedimentos implementados por ele e sua equipe para que todas essas aberturas funcionassem da maneira mais tranquila possível.

No banco traseiro do carro, Daniel Del Vecchio, vice-presidente executivo da Jean-Georges Management, estava atendendo ligações e digitando em um laptop, com os cabelos penteados para trás e os olhos um pouco inchados. Além de Del Vecchio, que raramente sai do lado de Vongerichten, as duas pessoas indispensáveis para as inaugurações são Gregory Brainin, que lidera uma espécie de unidade de comando que treina cozinheiros em restaurantes Jean-Georges em todo o mundo, e Lois Freedman, o presidente da empresa e a única pessoa que vi fazer sua opinião prevalecer sobre o próprio Vongerichten. Todos eles estavam na empresa havia décadas. "Somos um grupo muito unido", disse Del Vecchio. Quando começaram, todos eram apenas cozinheiros, mas acabaram se tornando executivos à medida que o negócio crescia.

Eles agora supervisionam 5 mil funcionários em 12 países. (Como base de comparação, o Facebook tinha apenas 3.200 funcionários quando foi lançado publicamente). Em 2018, o grupo Jean-Georges faturou US$ 350 milhões em vendas totais.

No carro, Vongerichten atendeu uma ligação do fornecedor de peixes de seus restaurantes em Nova York, examinando uma lista de criaturas marinhas que se tornava mais obscura à medida que ele descia a tela. Então, ele e Del Vecchio conversaram sobre os novos menus que iriam imprimir para Jean-Georges, o carro-chefe dos restaurantes do chef, localizado no Central Park. Eles haviam decidido descartar o menu *à la carte* e oferecer somente uma degustação de seis ou dez pratos, ambos com opções vegetarianas. Vongerichten chamou isso de uma "grande mudança", a maior que ele havia feito desde a inauguração do Jean-Georges, em 1997.

A mudança do cardápio não representava apenas uma inovação por si só. Havia um público-alvo em mente. Em 2018, os críticos do *Guia Michelin* rebaixaram o restaurante, que foi de três estrelas para duas – a primeira vez que Jean-Georges não esteve no topo da classificação desde que o Michelin começou a cobrir Nova York. "Foi um dia triste para nós", Freedman me disse. "Fiquei triste por Vongerichten, porque ele é um chef que está sempre presente em seus restaurantes. Mesmo estando muito ocupado, ele sempre está trabalhando em seus restaurantes."

Por trás dessa defesa está um problema que tem assombrado Vongerichten e sua equipe. É de fato possível administrar um restaurante três estrelas e uma empresa global ao mesmo tempo? O primeiro destina-se a oferecer uma experiência única na vida, enquanto a segunda depende da capacidade de recriar essa experiência para diferentes públicos, culinárias e orçamentos. É incrivelmente raro encontrar alguém apto a fazer as duas coisas – como se Leonardo da Vinci fosse capaz de reproduzir o quadro *A última ceia* e sacolas com o tema da *Última ceia*. A maioria dos colegas de Vongerichten nem sequer tenta: o número médio de restaurantes para um chef Michelin de três estrelas nos Estados Unidos é de duas unidades.

Se Vongerichten não amasse a ambos igualmente – o império e seu homônimo –, sua escolha seria fácil. Apenas as filiais lhe rendem algum dinheiro. Ele também se orgulha do método que construiu para abrir restaurantes em todo o mundo. "Vemos como uma espécie de ciência com a nossa equipe, com Lois, Greg e Danny e todos", diz ele. "Nós sabemos como combinar tudo." Mas Vongerichten começou sua carreira na França, como um adolescente aprendiz em um restaurante com três estrelas Michelin, e esse mundo exclusivo mantém um controle inabalável sobre a sua imaginação.

O comprometimento de sua equipe não é menor. Bastou pensar na estrela perdida para Brainin se irritar. "Damos duro diariamente para garantir que a coerência e o poder dos pratos, bem como a 'purezabilidade' dos ingredientes, estejam sempre perfeitos e sem falhas", disse ele. (*Purezabilidade*, pode-se imaginar, é a combinação de pureza e divindade, um reflexo acurado da relação de Brainin com a comida). Eles já haviam entrado em contato com o Michelin e pedido para postergarem a decisão final do guia daquele ano até que pudessem provar o novo menu.

Então, estes eram os objetivos da semana: abrir dois restaurantes, manter os outros 38 em funcionamento e, de alguma forma, buscar convencer um grupo anônimo de juízes de uma empresa de pneus de que Jean-Georges ainda era uma das melhores experiências gastronômicas no mundo. Pela primeira vez desde que deixamos o West Village, Vongerichten ficou em silêncio. Mas, então, ele viu a placa do TWA Hotel e gritou de felicidade. "Olha", disse ele, "lá está nossa equipe!" Apertado contra a janela do segundo andar do restaurante estava um grupo de cerca de 40 garçons e cozinheiros. Eles iriam usar a cozinha pela primeira vez naquele dia. Os primeiros clientes chegariam em quarenta e oito horas.

Para compreender melhor o que Vongerichten construiu, e como se tornou um grande conhecedor dos prazos, pode ser de grande ajuda entender a rotina matinal que ele mantém quando está em Nova York. Ele não prepara refeições em sua (enorme, imaculada) cozinha de casa; em vez disso, faz um tour pelos seus restaurantes. Às segundas-feiras, come no Mercer, localizado no SoHo; às terças, está no Mark, no Upper East Side; às quartas, na ABCV, no distrito de Flatiron; o restaurante das quintas-feiras é sortido; e, às sextas, o café da manhã é no Jean-Georges.

Seus restaurantes não parecem fazer parte de uma rede – apesar de o serem, ao menos no papel. Não são restaurantes de hotel, embora um pequeno número deles esteja em hotéis. E, com exceção do Jean-Georges, eles não são salas de jantar formais, embora o serviço de cada um deles exale um pouco da imponência de lugares mais sofisticados, com trajes elegantes e talheres de prata. Em vez disso, assemelham-se a uma espécie de restaurante que se multiplicou com a ascensão da comida gourmetizada da classe média. Apurada, mas não seletiva. Exuberante, mas não luxuosa. Cara, mas não exageradamente onerosa. Um lugar ao qual você iria em uma noite de encontro amoroso.

A maioria dos restaurantes dessa categoria são locais exclusivos, unidades de bairro criadas por estudantes de escolas de gastronomia e por ajudantes de cozinha que escaparam rapidamente da cozinha em que foram treinados. Esses são projetos que envolvem paixão – a realização de um chef que, com sua visão singular, finalmente consegue administrar seu próprio negócio. O surpreendente truque que Vongerichten e sua equipe fizeram foi o de reproduzir esses trabalhos feitos com amor, mas em larga escala.

O resultado é um grupo de restaurantes que se assemelham mais a uma comunidade de estados independentes do que a um império do mal. Uma sensibilidade única influi sobre eles – técnica francesa, especiarias asiáticas, molhos leves e com acidez –, mas é perceptível a alegria que a equipe de Jean-Georges tem em tornar cada lugar em algo novo. "Esta é a melhor parte: criar um menu, um conceito", disse Vongerichten. "A parte mais difícil é mantê-lo funcionando pelos próximos vinte anos."

Os pontos de destaque são impressionantes: terrine de batata com queijo de cabra ao suco de rúcula no JoJo (Vongerichten, Freedman e Del Vecchio vão lá para consumi-lo todas as terças-feiras); vieiras com emulsão de couve-flor e alcaparras no Jean-Georges (uma versão que Brainin e Vongerichten usam para testar novos cozinheiros durante o processo de contratação); pérolas de atum e tapioca com pimenta tailandesa, pimenta Sichuan, canela, *chipotle* e limão *kaffir* no Spice Market ("Nunca mais faremos um prato tão complicado", disse Brainin); macarrão de bardana de cogumelo selvagem, *tempeh* e picles na ABCV (refletindo a preocupação recente de Vongerichten com a saúde e a sustentabilidade ambiental). O bolo de chocolate derretido que dominou os cardápios de sobremesas em todo o país nos Estados Unidos? Veio do cardápio do Lafayette, o primeiro restaurante nova-iorquino administrado por Vongerichten, do qual saiu no ano de 1991.

É impressionante como o seu sistema funciona de maneira consistente. Uma coisa é construir algo que se pareça com uma joia do bairro.

Outra é torná-lo um lugar que as pessoas queiram visitar, fazendo pratos que influenciam até mesmo os críticos que, de outra forma, poderiam reclamar do imponente edifício do Jean-Georges. (Pete Wells cunhou recentemente o termo *Vongerichtenesco* em uma resenha para o *The New York Times*.) Cada novo restaurante é instantaneamente vencedor do prêmio de Melhor Novo Restaurante.

Essas extravagâncias nos deixam desconfiados. As metáforas mudam do campo da arte para o do mundo dos negócios: Vongerichten construiu uma fábrica, uma franquia, uma linha de montagem. Você pode imaginar uma empresa copiada e colada, da iluminação à sala de jantar até os itens do cardápio. A realidade, entretanto, é mais esquisita, um espaço onde a rigidez e o desprendimento podem se misturar.

O Fulton nasceu há alguns anos, em uma sala de reuniões com vista para o porto de Nova York. Seus criadores eram a Jean-Georges Management e a Howard Hughes Corporation, a centenária empresa petrolífera, imobiliária e de aviação que tem sido reconstruída no porto de South Street, em Manhattan. Howard Hughes pediu a Vongerichten para instalar um restaurante dentro do Píer 17, um shopping em formato quadrado sobre palafitas que estavam construindo no East River. Vongerichten sempre quis abrir um restaurante de frutos do mar, e lá estava um espaço o mais perto possível da água, a apenas alguns passos do antigo mercado de peixe Fulton. A localização serviu para determinar tanto o conceito como o nome.

E, durante algum tempo, isso era tudo que ele tinha. A construção arrastou-se, e Vongerichten se recusou a começar o planejamento de um cardápio até que o design do restaurante estivesse definido. Freedman assumiu a liderança durante essa fase. Escolheu tudo, desde a cor dos sofás (verde-água, para lembrar o mar) até o preço das taças de água (linha Pure da Pascale Naessens em parceria com a Serax – um nome que apenas o escritor Douglas Adams poderia adorar, e pouco mais de 7 dólares cada peça quando vendida no atacado).

Freedman começou a trabalhar para Vongerichten no Lafayette, logo após ter concluído a escola de culinária. Então, em 1991, com o investidor Phil Suarez, abriu um bistrô chamado JoJo. Freedman assumiu os negócios do restaurante e logo percebeu o talento que tinha para a coisa. "Eu queria ser capaz de deixar as minhas unhas crescerem e de me vestir elegantemente", ela disse. "Na cozinha, meus braços tinham marcas de queimadura até em cima." Quando começou, Freedman imaginava que acabaria administrando 38 restaurantes? "Eu não pensava além do JoJo naquela época", ela afirmou. "Ninguém tinha tantos restaurantes assim. Não era o que as pessoas faziam naquela época. Os chefs não expandiam."

O planejamento do menu do Fulton começou em janeiro, quando a construção já estava avançada o suficiente para Vongerichten e Brainin se sentirem confortáveis para contratar um chef executivo que administraria o restaurante no dia a dia. A equipe de Jean-Georges costumava promover um *sous chef* do restaurante principal para liderar o novo empreendimento, como uma planta que se propaga por meio das mudas. Desta vez, no entanto, eles contrataram um jovem cozinheiro chamado Noah Poses, do Watergate Hotel, depois de um teste de degustação que impressionou Brainin o suficiente para não submetê-lo a uma audição feita pelo próprio Vongerichten.

Poses, Brainin e Vongerichten passaram cerca de três meses fazendo experiências na cozinha de Jean-Georges até terem um rascunho de um cardápio. Em março, mudaram-se para a cozinha do Fulton. Nela, continuaram refinando os pratos, cortando alguns e adicionando outros. Anchovas estavam no menu (ecologicamente corretas) e, depois, foram cortadas (poucas pessoas as apreciam). Adicionaram caranguejo-das-neves ao risoto ("Quando Jean-Georges prova uma versão melhor de algo", garante Brainin, "não há como convencê-lo a mudar de ideia"). Alguns pratos foram considerados difíceis de ser preparados em um período de tempo razoável, mas um trabalhoso ensopado de mariscos foi incluído de última hora, porque é um prato popular demais para ser ignorado.

Garçons recém-contratados aprendem de tudo, desde como retirar um prato da mesa até como falar sobre a origem de um determinado peixe. "Não me importo que a faca esteja um pouco torta na mesa, mas a pessoa precisa ter personalidade e habilidade de vender", disse Vongerichten. Freedman me disse que gostava de contratar atores como garçons, devido à excelente habilidade em memorizar longos blocos de texto.

Assim que Poses trouxe os seus quatro auxiliares de cozinha a bordo, no mês de abril, eles puderam começar a parte mais importante do processo de inauguração: simular um jantar real o quanto antes e com a maior frequência possível. O primeiro desses jantares de treinamento foi oferecido para apenas 20 funcionários, depois 30, depois 40 – até que, afinal, a equipe de abertura do Fulton atraísse funcionários do escritório corporativo, da Howard Hughes Corporation e de seus fornecedores para encher o restaurante. Essas verificações diárias enquanto se encaminhavam para o prazo final eram parte essencial do que Vongerichten se referia como a sua "fórmula". Eram o segredo para inaugurações perfeitas e clientes satisfeitos.

Ao fim de cada dia, Brainin, Vongerichten e Poses ajustavam prato por prato do cardápio planejado. Ou, mais precisamente, ajustavam grama por grama: cada item em um restaurante Jean-Georges é medido em gramas, e desperdícios não são permitidos. "Nós nos certificamos de testar, testar e testar novamente", enfatizava Vongerichten.

No jantar de simulação final, uma semana antes da inauguração, um cozinheiro preparou uma salada de couve. Brainin perguntou-lhe sobre a quantidade de azeite utilizada, em gramas, bem como as folhas de couve e o parmesão presentes na salada, e o cozinheiro recitou cada uma das quantidades para ele, de cabeça. O cozinheiro colocou a salada parcialmente montada em uma balança e ralou o queijo parmesão até atingir o número desejado. A salada estava pronta para ser servida.

Mais tarde, após saborear um *bowl* inteiro de *tagliatelle* com mariscos, Brainin anunciou que ela precisava de mais 6 gramas de azeite – um pouco mais do que uma colher de chá – e, então, estaria pronto. Compare isso com a descrição de Bill Buford do mesmo prato em seu livro *Calor*, seu relato sobre o trabalho na cozinha de Mario Batali: "O único ingrediente medido é a massa. Todos os outros são colhidos com a ponta dos dedos, variando entre uma pitada ou uma porção maior, ou meio-termo: não ajuda em nada, mas essa, infelizmente, é a forma como as quantidades são definidas em um restaurante".

Perguntei a um dos instrutores culinários que trabalhava com Brainin se os cozinheiros alguma vez contestaram o rigor referente a toda essa contagem de gramas. "Parece ser algo tedioso", ele explicou, "mas você aprende a respeitar a quantidade de ingredientes e o prato." Obedecer às escalas era como obedecer às regras de um soneto – uma limitação que permitia uma arte quase ilimitada. Vongerichten disse que também era uma maneira segura de garantir que, mesmo que ele não estivesse cozinhando em todas as suas 38 cozinhas, os pratos continuariam fiéis à sua visão, sem improvisos desnecessários por parte dos cozinheiros locais. A única outra forma de alcançar o mesmo fim seria reduzir radicalmente: "Teria um balcão com sete lugares. Eu cozinho, eu sirvo você e eu limpo. Isso seria 100% JG".

Pouco antes da chegada dos primeiros clientes fictícios, Vongerichten caminhou pelo restaurante. O papel que cobria as janelas durante a construção tinha acabado de ser rasgado para que ele pudesse ver aquilo que era o principal fator de atração de clientes para o local, no quesito visual: uma vista completa da ponte do Brooklyn ao longo de uma das paredes do restaurante. Vongerichten disse que era "espetacular". Havia longos assentos de camurça, iluminação com tema náutico que ia do chão até os pés do território de Long John Silver (com muito cânhamo) e um mural pintado à mão com ares de Júlio Verne na parede. O chef percorreu a cozinha, a área de lavar louça, o pátio, a varanda e até os banheiros. Parecia uma sequência saída de um dos filmes de Wes Anderson, com vários atendentes vindo até ele com perguntas rápidas de "sim" ou "não". Os homens que penduravam a placa acima da entrada principal pediram sua aprovação, e ele acenou com a cabeça.

O jantar de simulação em muito assemelha-se ao serviço normal, mas com algumas diferenças importantes. Os convidados recebem cardápios, no entanto as suas escolhas já estão destacadas. Caso contrário, observa Brainin, todos pediriam a lagosta, e a cozinha não seria testada adequadamente. Cada convidado recebeu um coquetel exclusivo, um aperitivo e uma entrada. Brainin segurava o menu de alguém que seria compelido a pedir o Shiso Gim-Tônica, os caranguejos crocantes de casca mole e o risoto de limão ao queijo parmesão.

Quando os pedidos começaram a chegar, Poses assumiu sua posição no balcão da cozinha em que os pratos eram depositados. Brainin estava na fila de produção, mas saía com frequência para franzir o cenho ao olhar um dos pratos de comida com seu novo contratado. Poses tinha 32 anos, um rosto jovem, e quando se reunia com Brainin mais parecia que estava recebendo a visita de um gerente para conversar com um jogador iniciante. Um problema tornou-se perceptível de imediato: os ajudantes de garçom continuavam se encurralando perto do balcão da cozinha. Para explicar o porquê, Brainin me puxou até a janela para ler uma comanda.

Era uma longa lista de pedidos para uma única mesa, alguns quentes, outros frios, rápidos de preparar e outros exigindo um tempo de cozimento inegociavelmente longo. As melhores cozinhas são capazes de descobrir como preparar tudo para que os pratos cheguem juntos no momento certo. A cozinha deles ainda não havia chegado lá, e por isso os ajudantes de garçons esperavam com bandejas pela metade até que o último item fosse preparado, para que, assim, pudessem servir toda a comida de uma vez.

"No primeiro mês", Poses me confidenciou, "de modo geral, ninguém sabe ao certo o que está fazendo, o que é esperado. Do cozinheiro ao lavador de pratos, do ajudante de garçom ao garçom e até eu mesmo. Você entra com um plano ciente de que não vai de fato funcionar." O problema dos ajudantes de garçom só se tornava aparente quando eles recebiam ordens o suficiente para rearranjar o tempo. Eles teriam, então, que descobrir um modo de corrigir isso.

Poses e Brainin pareciam felizes com a comida. Ou Poses parecia feliz enquanto Brainin alternava entre uma intensa confiança e uma neurótica insistência de que os pratos estavam *quase* perfeitos, uma vez que poderia encontrar aquele toque final para ajustar. O padrão que ele almejava, como contou, era viciante e delicioso: "Ou seja, mesmo que você não esteja mais com fome, é obrigado a dar outra mordida".

Brainin trabalhava para David Burke, no Park Avenue Café, quando o primeiro livro de Vongerichten, *Simple Cuisine* [Cozinha simples], foi lançado em 1990. "Sempre que tínhamos uma folga, os cozinheiros e eu relíamos o livro", contou ele. Foi no *Simple Cuisine* que ele encontrou a metáfora central que ainda rege sua culinária: o acorde de três notas. Cada prato deve ter três sabores principais, que, juntos, produzem algo maior do que eles. Brainin foi trabalhar para Vongerichten alguns anos depois. Ele acha que chamou a atenção de Vongerichten porque era o cozinheiro mais limpo da cozinha. Isso foi algo que ele aprendeu com David Burke, que certa vez ofereceu um tour pela cozinha para um grupo de clientes e parou para ver Brainin trabalhar: "Ele fez com que todos olhassem para a minha estação e vissem que porcaria suja que era". Ele estava certo? "Cem por cento certo. E, desde então, tenho sido o cozinheiro mais limpo das cozinhas em que trabalhei."

Quando o jantar de simulação terminou, Freedman estava trocando mensagens de texto com Vongerichten sobre a manteiga que acompanhava o pão. Naquele momento, era um pouco de manteiga misturada com *crème fraîche*. Freedman queria algo mais simples: "Uma manteiga bonita, salgada, que se possa cortar". Na semana seguinte, a manteiga havia mudado.

No andar de baixo, os cozinheiros estavam limpando a cozinha. Brainin e Vongerichten estavam conversando para decidir se acrescentavam o *fluke crudo* ao cardápio. Alguns meses antes, *New York* havia publicado um artigo com o título "*Fluke crudo* é uma maldição que precisa ser interrompida", mas os chefs decidiram que não podiam renunciar a um prato local, sustentável e versátil só porque um crítico quis ter a decisão final sobre ele. Além disso, "amamos aquele peixe". Para driblar possíveis reclamações de falta de originalidade, eles acrescentaram um vinagrete de pimenta *habanero* com algo chamado botão de Sichuan.

Durante o jantar, Brainin observou que uma das cozinheiras de linha "ferrou completamente" o molho que acompanha o hambúrguer, deixando-o duas vezes mais salgado do deveria. Brainin solicitou que ela preparasse o hambúrguer novamente, enquanto observava. Ela o refez, mas cometeu o mesmo erro. Foi somente ao estar presente, observando o passo a passo que levava da preparação ao produto acabado, que ele conseguiu identificar o problema. Agora imagine o mesmo processo sendo repetido para cada prato e cada cozinheiro de linha. "Nenhuma outra cozinha funciona assim", confessa Brainin, "mesmo que digam que sim." É também por isso que você pode ter a certeza de uma boa refeição no Jean-Georges, esteja você em Nova York, Jacarta ou Cantão.

Eram 18 horas. Todos os convidados haviam saído após entregarem um questionário sobre o jantar de simulação. Ele perguntava, entre outros tópicos, se eles foram recebidos com um sorriso, se um garçom veio até a mesa sessenta segundos após eles terem se sentado e como cada um dos pratos poderia ser melhorado. Perguntei a Poses qual seria o próximo passo. Ele disse que havia alguns problemas que eles resolveriam na reunião que se seguiria ao fim do jantar de simulação. O mais importante dos tópicos seria a aglomeração dos ajudantes de garçom perto da cozinha. No entanto, outras falhas no sistema não se fariam visíveis até que eles tivessem uma sala de jantar repleta de clientes pagantes. Brainin comparou isso a aprender a andar de bicicleta em uma pequena garagem. Você pode repetir o processo mil vezes, mas não será realmente testado até pegar a estrada, passar por um buraco ou ter a porta de um carro batendo em você.

Os jantares de simulação são a parte mais importante da fórmula de Jean-Georges por dois motivos. Primeiro, os pontos de verificação garantem progresso constante em direção ao dia da inauguração – cada um é um ensaio em miniatura do efeito prazo. Em segundo lugar, eles são uma maneira de garantir que, quando esse dia chegar, o restaurante estará o mais perfeito possível. Para entendermos por que as refeições e os prazos intermediários relacionados ao prazo final são tão eficazes, vamos deixar o mundo dos restaurantes para trás por alguns instantes.

Duas décadas atrás, o economista comportamental Dan Ariely, com seu colega Klaus Wertenbroch, conduziu um experimento que demonstra o poder dos prazos intermediários. Ariely estava ensinando no Instituto de Tecnologia de Massachusetts (MIT) na época e disse aos alunos, em sua aula de comportamento do consumidor, que eles teriam três trabalhos para entregar antes do fim do semestre, que tem a duração de doze semanas. Todos os trabalhos seriam avaliados após o último dia de aula, mas os alunos poderiam enviá-los a qualquer momento antes disso. A diferença: eles tinham que se comprometer com um prazo para cada um dos três trabalhos. "As datas eram compulsórias", escreveram Ariely e Wertenbroch, "de modo que cada dia de atraso após o prazo resultaria em uma penalidade de 1% na nota geral do artigo."

A abordagem racional seria fazer do último dia de aula o prazo para os três trabalhos: isso eliminaria a possibilidade de penalidade e daria aos alunos mais tempo e flexibilidade para pesquisar e escrever. Alguns dos alunos fizeram exatamente isso e enviaram os três trabalhos no último dia de aula. Mas outros se conheciam melhor do que isso. Eles estabeleceram prazos iniciais para os dois primeiros trabalhos e, ao fazer isso, forçaram-se a começar a trabalhar nos projetos no início do semestre.

Para completar o experimento, Ariely definiu regras diferentes para duas outras classes. Eles tinham os mesmos três trabalhos para elaborar, mas uma classe foi instruída a entregar todos os seus trabalhos no fim do semestre. A última turma teve um prazo obrigatório para cada trabalho, com espaçamento uniforme de quatro, oito e doze semanas.

Depois que todos os trabalhos foram entregues e avaliados, Ariely comparou os resultados. Os alunos com prazos obrigatórios e uniformemente espaçados se saíram melhor, e os que tiveram de entregar todas as suas tarefas no último dia de aula tiveram pior desempenho. O resultado mais interessante, porém, veio da turma que escolheu os próprios prazos. Como grupo, eles se saíram pior do que a classe com datas obrigatórias de entrega. Mas esse efeito desapareceu quando Ariely excluiu a pontuação dos que optaram por apresentar seus trabalhos no último dia do semestre. "Os alunos que não espaçaram os seus prazos o suficiente diminuíram a média geral da classe", relatou Ariely. Os prazos intermediários, fossem eles autoimpostos ou obrigatórios, eram o meio mais eficaz de obter uma nota mais alta.

Uma vez que os jantares de simulação começaram no Fulton, eles se tornaram um prazo intermediário diário, uma oportunidade para a equipe testar suas habilidades e consolidar seus conhecimentos. Eles também se tornaram cada vez mais difíceis, à medida que Vongerichten aumentava o número de clientes de 20 para 40. O progresso feito a cada dia teve o efeito colateral de manter garçons e cozinheiros motivados. Em um artigo para a *Harvard Business Review*, os pesquisadores Teresa Amabile e Steven J. Kramer discutiram sobre o efeito psicológico do que chamaram de "pequenas vitórias" para equipes que trabalham em um projeto.

"Quando pensamos sobre progresso, com frequência imaginamos quão bom é atingir um objetivo a longo prazo ou vivenciar uma grande descoberta", afirmaram. "Essas grandes vitórias são ótimas, mas são relativamente raras. A boa notícia é que mesmo as pequenas vitórias podem impulsionar, e muito, a vida profissional interna." Eles pediram aos membros de uma equipe que trabalhava em uma empresa de tecnologia que respondessem a uma pesquisa diária sobre como se sentiam em relação aos seus empregos. Um dos dias mais positivos para um programador não veio no final de um grande projeto, mas bem no meio: "Eu descobri por que algo não estava funcionando corretamente. Eu me senti aliviado e feliz porque esse foi um marco menor para mim".

Brainin, Poses e os ajudantes de cozinha do Fulton celebravam cada jantar de simulação bem-sucedido de uma forma mais exaltada do que essa, mas o sentimento subjacente era o mesmo. Ao construir algo com tantas peças móveis quanto um restaurante novo em folha, cada pequeno passo ao longo do caminho parece uma vitória.

De certo modo, o fato de haver apenas algumas dúzias de restaurantes Jean-Georges é evidência de contenção. Quase diariamente, a equipe é questionada sobre a abertura de um novo restaurante em algum lugar do mundo. Eles dizem "sim" apenas para as ofertas mais extraordinárias.

Infelizmente para qualquer um na Jean-Georges Management que esperava por um ano mais tranquilo, o TWA Hotel, que tinha como saguão o terminal TWA de 1962 de Eero Saarinen, um marco neofuturista reconhecido como obra-prima desde o dia de sua conclusão, foi tido como uma oportunidade muito boa para deixar escapar. O projeto havia levado três anos, mas, pela aparência do hotel dois dias antes da inauguração, teria sido melhor se os desenvolvedores tivessem se permitido levar mais algumas semanas. Quando Vongerichten apareceu naquele dia, os trabalhadores martelavam, perfuravam e serravam. A entrada do restaurante estava quase bloqueada com caixas e grades: copos Riedel, luvas de látex, ketchup. Fios pendurados no teto. Os cozinheiros ainda não eram permitidos na cozinha e, por isso, sentaram-se entediados na sala de jantar, esparramados nas cadeiras brancas tipo tulipa da Saarinen. Os garçons estavam lotando outra seção, cerca de 40 deles passando pela sua primeira orientação. Havia uma grande caixa de café Dunkin' Donuts em cima do balcão. Vongerichten experimentou um gole e fez uma careta. Alguém saiu correndo para fazer um expresso para ele.

Todos falavam uma variação da mesma coisa: era uma loucura eles tentarem abrir em dois dias. Eu vi Freedman sentada perto de uma das enormes janelas de vidro de Saarinen, parecendo impassível e ao mesmo tempo perturbada. Estava faltando um dos painéis de vidro. Uma folha de plástico balançava, ocupando seu lugar. Perguntei a Freedman se ela achava que conseguiriam inaugurar o restaurante a tempo. "Na verdade, não", respondeu.

Freedman disse que o grande problema agora era que ela não conseguia visualizar o produto final. Como ela saberia que estavam usando o tipo errado de manteiga se eles nem ao menos tinham pratos? Havia indícios, porém, de como seria quando retirassem o que estava sobrando. Era uma fantasia da era atômica: havia mesas Knoll, postes de lâmpada que pareciam esferas armilares e assentos brancos que ecoavam as curvas do telhado de Saarinen. Freedman olhava para tudo com os olhos semicerrados. "As cadeiras tipo tulipa", atestou, "elas giram, e eu pensei que seriam fixas." Se girassem, os garçons teriam que gastar grande parte do tempo para realinhá-las, ou, ainda pior, não o fariam.

Já passava do meio-dia, e a cozinha ainda não estava pronta. A janela aberta deixava a sala fria o suficiente para que alguns dos cozinheiros se aconchegassem ao redor do forno de pizza para se aquecer.

Pode valer a pena fazer uma pausa aqui para explicar como Vongerichten e sua equipe se encontraram nessa posição. Existem dois tipos de restaurantes que levam o nome Jean-Georges: aqueles dos quais eles são donos e aqueles que são apenas operados por eles. Vongerichten e seus sócios possuem Jean-Georges, JoJo e Perry Street. A maioria dos outros, e todos os restaurantes fora de Nova York, são negócios administrativos, que constituem três quartos do negócio total de Vongerichten. Por cerca de 6% da receita bruta e 10% da rede, Jean-Georges Management projeta o restaurante e administra a cozinha, mas um parceiro possui ou aluga o espaço, faz a folha de pagamento, paga fornecedores e, por fim, leva para casa quaisquer lucros após o pagamento das taxas de licenciamento. (No caso de um desastre como a pandemia de coronavírus, o parceiro também absorve todas as perdas. Isso deixou Vongerichten mais bem posicionado do que alguns outros estabelecimentos para retornar após a crise.)

O problema com os acordos de gerenciamento é que o cronograma é definido pelo proprietário. E eles podem responder aos atrasos na construção, que atingem o Fulton e o Paris Café, de uma das duas maneiras: podem adiar também a inauguração do restaurante até que tudo esteja pronto, ou podem decidir seguir em frente de qualquer maneira. Os administradores do TWA Hotel marcaram o corte da fita para a quarta-feira e convidaram a imprensa e o governador Andrew Cuomo. Não haveria mais atrasos.

No início da tarde, a cozinha ainda não estava pronta. Vongerichten e sua equipe fizeram o possível para se adaptar às circunstâncias. Mais importante: eles enviaram Amy Sur-Trevino, a chef executiva e seus ajudantes de cozinha para um tour pelas cozinhas do Jean-Georges em Nova York para aperfeiçoar sua técnica. Mas mesmo o vice-presidente executivo da Jean-Georges Management, Del Vecchio, que geralmente reflete o entusiasmo de Vongerichten, parecia preocupado. "Para ser honesto com você, é muito estressante", desabafou. "Deveríamos estar terminando o treinamento e estamos começando somente agora."

Ao menos os garçons estavam recebendo as instruções, mesmo que tenham tido que sair da sala de jantar, que ainda estava sendo montada, para recebê-las. Por cima do eco de uma serra elétrica, pude ouvir um treinador instruí-los sobre a pronúncia correta dos itens do cardápio, como, por exemplo, *Crémant de Bourgogne*. Perto dali, um grupo de dançarinos estava ensaiando um número ao estilo *flash mob* que seria apresentado no momento do corte da fita, agora a apenas quarenta horas de distância.

Na história do império Jean-Georges, há duas eras: antes do Spice Market e depois do Spice Market. Aquele restaurante, inaugurado no Meatpacking District de Manhattan em 2004, foi o início de uma era de rápida expansão para a empresa. Foi também o local para o qual Brainin e os outros criaram o sistema de preparação detalhado que agora usam em todos os lugares. Eles precisaram fazê-lo: os pratos – livremente inspirados nas cozinhas indiana e do sudeste asiático – tinham longas listas de ingredientes que deveriam ser calibrados com precisão.

Para planejar o cardápio, Vongerichten levou Brainin, Del Vecchio e alguns outros em uma viagem de pesquisa de dezoito dias a Índia, Malásia, Tailândia, Vietnã e Indonésia. A regra era que todos podiam viajar apenas com a bagagem de mão. Del Vecchio manteve um diário dessa época, e lê--lo é uma janela para viajar à maneira de Jean-Georges. Há muitas passagens como "Chegamos a um grupo local e seus elefantes. Fomos ao palácio e encontramos a princesa Bhargavi e o maharana Arvind Singh Mewar para coquetéis" e "Fomos todos fazer massagens no Oriental, excelente como de costume, e depois fomos jantar". Existem também listas e mais listas de ingredientes, temperos, molhos e ervas que raramente tinham sido vistos no cenário da alta gastronomia de Nova York, até que Vongerichten os incluiu em seu cardápio. Depois de abri-lo, e até Vongerichten vendê-lo, em 2008, o restaurante estava quase sempre lotado, servindo até mil pratos por noite. (Em 2019, o restaurante Jean-Georges mais lucrativo era o Prime no Bellagio, em Las Vegas. Ele e o Jean-Georges tinham receitas de US$ 25 milhões por ano, mas todos os lucros do restaurante principal desaparecem em despesas com alimentos e pessoal.)

Depois que a equipe mostrou-se à altura do desafio logístico da Spice Market, tudo parecia ao seu alcance: uma filial em São Paulo, uma churrascaria em Las Vegas, uma pizzaria em Xangai. As inaugurações tornaram-se implantações cuidadosamente coreografadas da equipe de instrutores culinários e jantares de simulação. As operações regulares correram bem, devido à abordagem grama a grama em consonância com as ligações semanais de Del Vecchio. Os acordos de licenciamento ajudaram a resolver todos os negócios complicados de construção, permissões e folhas de pagamento.

O Fulton explorou todos os recursos que a empresa havia desenvolvido em sua rápida expansão. Antes que os primeiros clientes pagantes chegassem, porém, havia mais um teste: dois jantares com amigos e familiares. Essas refeições, comuns no mundo dos restaurantes, eram o mais próximo que o Fulton conseguiria de uma noite normal de serviço antes da abertura real. Ao contrário dos jantares de simulação, os convidados podiam escolher o que queriam do cardápio. Podiam também, como clientes pagantes, fazer pedidos especiais e devolver pratos e, assim, ser um pé no saco.

O cardápio tinha um aviso na parte superior: "Obrigado por nos ajudar durante o jantar para amigos e familiares! Solicitamos que você peça um aperitivo, uma entrada e uma sobremesa por pessoa". Vongerichten vagava por aí, atendendo e desligando chamadas. Perguntei se se sentia pronto, e ele disse: "Sim, está na hora. Treinamos muito". Vongerichten parecia um pouco nervoso.

Percebi que uma das mesas estava balançando. Sempre me perguntei quando essa aflição em específico se instalava, e agora sei que pode começar no primeiro dia. Ou quatro dias antes. Fora isso, o restaurante parecia calmo e arrumado. Mas eu conhecia o cardápio, então pude ver algumas evidências de tensão de última hora. Uma espiada por trás das cortinas provou que os bastidores estavam enlouquecedores. O risoto estava fora do cardápio, assim como o peixe *kampachi* e o robalo para duas pessoas. Mais tarde, descobri a razão para essas três alterações: eles não conseguiam encontrar caranguejo-das-neves barato para o risoto. O kampachi não seria popular o suficiente para esgotar em uma noite relativamente tranquila, e eles tinham um fim de semana obscuro chegando, o que significaria, possivelmente, deixá-lo estragar. E o robalo, por sua vez, estava disponível, mas fora do cardápio. Eles prepararam oito deles para convidados especiais, ou o que chamaram de PXes (*personnes extraordinaires*).

Com 105 assentos, o máximo que já haviam alcançado, Poses disse que aprenderiam quais partes do cardápio criam problemas: "O prato pode ser ótimo, mas é viável para um cozinheiro preparar centenas dele?". Como as pessoas podiam escolher seus pratos, disse Poses, eles também teriam um dos primeiros feedbacks sobre o que seria popular: "É legal ter muitos itens diferentes no cardápio, mas o que as pessoas querem? O que as deixará felizes?".

Poses disse isso com uma franqueza democrática, mas a questão era mais preocupante do que ele estava deixando transparecer. Como qualquer forma de arte, cozinhar faz exigências concorrentes a seus praticantes. Um chef tentaria agradar o mercado, os críticos ou a si mesmo? Muito do falatório a respeito das críticas negativas e estrelas premiadas ou retiradas reflete até que ponto os críticos criaram um ecossistema separado de valor culinário. Naquele mundo, o *fluke crudo* era um clichê. Os críticos querem novidades e vão punir um restaurante que não as fornecer.

O gosto da maioria dos chefs provavelmente está mais próximo dos críticos, mas eles também precisam fazer dinheiro. Brainin discorreu sobre esse ponto falando sobre tártaro de atum. Esse, segundo Brainin, é o aperitivo mais popular em todo o país. Não poderia ser deixado de fora do cardápio de um restaurante de frutos do mar como o Fulton. Então, está presente nele. Existem pratos mais ousados ao lado dele, aqueles que Brainin, Poses e Vongerichten gostam mais, mas somente por tê-lo como opção correm o risco de que um crítico venha e reclame da falta de originalidade, dizendo se tratar do mesmo e ultrapassado tártaro encontrado em todos os cardápios da cidade. Eles tentaram contornar esse problema fazendo algumas pequenas modificações: retirar o molho de soja do prato, substituindo-o por um molho de mostarda de *yuzu* e crispy de erva-doce ralada. (O acorde de três notas: o peixe fresco, a mostarda, o adocicado da erva-doce. Há também o purê de maçã Pink Lady e estragão em pó. Talvez seja mais um acorde de sete notas diminuto.) O risco, e a recompensa, de dar às pessoas o que elas já querem é que você pode se tornar o Jeff Koons do mundo da culinária: amado por todos, não estimado por ninguém.

Portanto, Vongerichten, Brainin e Poses estavam em uma situação difícil. Tentar inovar para a crítica sem afastar seu público. Não é que eu queira me aprofundar muito nas ervas daninhas de Aristóteles 101 aqui, mas o que, por fim, constitui uma boa vida, para um chef ou para qualquer pessoa? É fazer uma arte inflexível ou fazer as pessoas felizes? E se a mais pura expressão da sua arte *for* fazer as pessoas felizes?

As pessoas no jantar de amigos e familiares votaram, de qualquer maneira, e escolheram a lagosta. Eles serviram 75 delas naquela noite. Mas, se havia um prato pelo qual Brainin, Poses e Vongerichten estavam mais entusiasmados, algo que deveria ser digno de aplauso e confortavelmente familiar, era o robalo *en croute*: um robalo inteiro para duas pessoas, com a cabeça, servido sob uma camada de massa crocante. "Esse é o escolhido", disse Vongerichten. "É um clássico que ninguém mais está fazendo na cidade." Ele o chamou de prato de quarta geração: Fernand Point, autor do livro *Ma Gastronomie* [Minha gastronomia], o desenvolveu em La Pyramide, na França, e o passou para Louis Outhier, que o ensinou a Vongerichten em L'Oasis perto de Cannes, que, por sua vez, ensinou a Poses.

Os ajudantes de cozinha colocaram um desses pratos no balcão, e Vongerichten e Freedman o seguiram escada acima até uma mesa de quatro lugares. A massa foi entalhada com a ponta de uma faca de descascar e pincelada com clara de ovo para ter um formato de peixe: escamas, olhos, espinhas nas barbatanas. A crosta foi cortada junto à mesa com uma tesoura e colocada na extremidade do prato. A pele foi removida, e os filés, desossados, foram colocados num prato, junto com a massa e servidos com um pouco de tomate e molho holandês. A cerimônia toda foi formal e caprichosa. "Está inacreditável", disse Freedman.

Às 21 horas, o andar de baixo estava quase vazio, mas o de cima ainda estava cheio. Freedman ainda não comia: Del Vecchio e Vongerichten provavelmente se sentariam com ela por volta das 23h. Nesse meio-tempo, Del Vecchio reivindicou um lugar no bar, onde tentava resolver um problema de assentos em um dos restaurantes da parte alta da cidade por meio de um bate-papo no WhatsApp com a equipe de lá. Enquanto digitava, ele recebeu uma mensagem de Singapura parabenizando a todos em Nova York pela iminente abertura do Fulton.

Na cerimônia de corte da fita, o Paris Café parecia quase finalizado, exceto por alguns fios soltos pendurados no teto. Eles não puderam realizar nenhum jantar de simulação, e não haveria nem mesmo um jantar para amigos e familiares. No entanto, a cozinha do Sur-Trevino estava montando os pratos, mesmo que não houvesse ninguém para servi-los ou comê-los. Às 10 horas, havia cinco ovos poché alinhados, intocados, na passagem.

Freedman e Del Vecchio relembraram os tempos de crise anteriores, tentando decidir se este era o mais louco que já haviam estado. Del Vecchio disse que percebia que estava sobrecarregado quando se levantava para tomar banho e a toalha ainda estava molhada da noite anterior.

Vongerichten chegou e apertou a mão de todos, um pouco afetadamente. Uma jovem funcionária disse que tinha sido a primeira vez que ela havia apertado a mão dele. "Bem", ele declarou, "eu nunca abri dois restaurantes ao mesmo tempo."

A cerimônia de inauguração no saguão estava atrasada, e a multidão estava ficando inquieta. Alguém trouxera docinhos da confeitaria francesa Ladurée, os quais Freedman estava usando para enfeitar as bancadas de aço da cozinha, que de outra forma estariam vazias. (Era só a forma de um restaurante, por enquanto.) Vongerichten, no entanto, não podia deixar escapar uma oportunidade de alimentar e encantar as pessoas, e então houve uma corrida entre ele e Freedman para ela ver se poderia colocar um doce em uma bandeja antes de ele levá-lo ao saguão, para servir.

A princípio, ninguém percebeu que era o próprio Vongerichten servindo croissants. Várias pessoas agarraram um sem olhar para cima, na direção dele. Mas, quando alguém o reconheceu, correu para comer e tirar uma selfie com o chef. Em poucos minutos, ele havia servido todos e posado para dezenas de fotos.

Mais cedo, Vongerichten me contou sobre o dia em que perdeu a terceira estrela do Michelin. "Ficamos chocados", relatou, principalmente porque nada havia mudado em relação ao ano anterior: "Não conseguíamos entender, porque era o mesmo chef, a mesma equipe". Ao contrário de Brainin, que pensava que todo o sistema era bizarro e inconsistente – "É difícil colocar o rabo no burro", disse ele, "se você não consegue ver o burro" –, Vongerichten levou a sério a mensagem do Michelin. Depois que a notícia fora divulgada, ele escreveu a eles solicitando que lhe contassem todos os pontos fracos que haviam identificado. Alguns dos molhos estavam muito úmidos. O espaço compartilhado com Nougatine, o restaurante irmão de Jean-Georges, era confuso. Todas eram questões sem muita importância, disse Vongerichten, mas as críticas estavam certas. Para ser um restaurante de três estrelas, não havia espaço para uma noite ruim.

Recuperar a estrela perdida no Michelin, decidiu Vongerichten, exigiria uma espécie de sacrifício. Jean-Georges é famoso por seus clientes habituais, os fiéis que vêm semana após semana e pedem a mesma coisa do extenso menu *à la carte*. Estas não são pessoas que procuram uma degustação vegetariana com vários pratos. Mas Vongerichten havia notado uma mudança anos antes: "Agora quando você vai a um restaurante sofisticado, de Eleven Madison a Masa e ao Brooklyn Fare" – três dos cinco restaurantes em Nova York que têm a classificação Michelin mais alta –, "há cerca de dez pratos, eles levam você até a cozinha para tomar um drinque, é uma experiência completa, muito maior do que ir ao restaurante Daniel e comer três pratos". (Daniel caiu de três estrelas para duas no guia de 2015.)

Durante anos, Vongerichten resistiu a fazer o mesmo movimento, mas ele não poderia evitá-lo mais. O novo padrão passou a se assemelhar ao antigo, desde os dias em que o Michelin foi planejado para pessoas em viagens rodoviárias, e o restaurante de três estrelas foi definido explicitamente como um lugar que vale "uma viagem especial". A perda da estrela levou Vongerichten a sentir que era hora de "reivindicar nosso status novamente. Quero dizer, pelo menos tentar, dar uma chance. Porque acho que a nossa comida está lá. É muito especial".

Pouco depois do corte da fita no Café Paris, Freedman me contou uma história do início de seu tempo com Vongerichten, logo depois que o *New York Times* publicou uma crítica em que dava quatro estrelas para o Lafayette, um evento que mudou a vida de ambos. Um cliente sentou-se e, aparentemente, sem saber da grandeza do lugar em que se encontrava, pediu ovos mexidos. Ovos mexidos, isso mesmo! O próprio Vongerichten os preparou – "Ele fez os melhores ovos mexidos de sua vida" – e então cobriu com caviar, *crème fraîche* e cebolinha. "Isso me ensinou muito como uma jovem chef", disse Freedman. "Não era sobre ego. Era sobre o que o cliente queria comer".

Freedman sentiu-se apressada e insatisfeita, disse ela, durante a preparação para a inauguração do Paris Café. O elo essencial que faltava eram os jantares de simulação: sem a execução normal de prazos diários para ajustar a comida, o serviço e a apresentação, o requinte normalmente associado a um restaurante Jean-Georges nunca se materializaria.

Os funcionários eram como os alunos do economista comportamental Ariely, que tinham que terminar todos os seus trabalhos no fim do semestre – lá, não havia como eles obterem a mesma nota alta que a operação mecânica do Fulton.

Ainda assim, era fácil imaginar que teria sido muito mais terrível se Freedman e sua equipe não estivessem no comando. Sur-Trevino e suas cozinheiras não teriam onde praticar antes daquele fim de semana. Não haveria uma equipe de instrutores culinários lá para ajudá-los. A composição dos pratos teria oscilado enormemente, em vez de obedecer à lista e à escala. As cadeiras teriam girado fora de posição. Em vez disso, na noite de abertura, o Paris Café foi provavelmente o pior dos 38 restaurantes de Vongerichten, mas também um dos melhores da cidade.

Os primeiros clientes pagantes na história do Fulton chegaram às 17h30. Várias *hostesses* os cumprimentaram, pegaram seus casacos e mostraram seus lugares. Eles não eram amigos, nem parentes, nem px. Eles fizeram a reserva usando um aplicativo.

Poses fez um discurso de início de serviço para sua equipe, enfatizando a importância de passar as comandas rapidamente para os *runners*, e então os primeiros pedidos começaram a chegar. "É um novo conjunto de desafios", ele me disse. Eu perguntei se ele estava nervoso. "Entro em todos os serviços com certo nível de ansiedade", confidenciou, "mas não acho que seja necessariamente uma quantidade prejudicial de ansiedade. É uma sensação normal do chef, a ansiedade."

Vongerichten é conhecido por ser um chefe tranquilo, e Poses parecia ter sido feito no mesmo molde. Cozinhava desde criança, filho do dono de um restaurante e chef na Filadélfia, e ascendera por meio do Modern, em Manhattan. Abrir um restaurante é um grande feito, disse ele. Você está criando sua reputação do zero, em vez de herdar tudo o que veio antes de você, tanto as coisas boas como as ruins.

Poses já havia inaugurado um restaurante, o Mildred, na Filadélfia. Ele começou como cozinheiro lá, em 2012, e acabou sendo promovido a *chef de cuisine*. O restaurante não deu certo por muito tempo: o negócio era inconsistente, os funcionários não tinham a sinergia necessária. "Talvez parte disso tenha ocorrido por não configurar sistemas e não treinar os funcionários adequadamente", relatou Poses. A experiência fez com que ele se tornasse um grande adepto do método de Jean-Georges para abrir um restaurante. "Olhe para esse lugar", ele disse. "Olhe para a infraestrutura. Se eu estivesse fazendo isso por conta própria, provavelmente não teria mais cabelos e estaria tremendo."

Naquele momento, Vongerichten chegou. "Está agradável aqui", declarou. Ele percebeu que uma jovem mulher comia sozinha no bar, e se perguntou se ela por acaso seria Hannah Goldfield, a crítica gastronômica da *The New Yorker*. Não era, e eu o informei sobre isso, mas ele não acreditou em mim. Passou pelo balcão e pegou um cartaz com fotos de proeminentes críticos de restaurantes, incluindo Goldfield, Pete Wells do *Times*, e Adam Platt do *New York*. Ele mostrou para mim e apontou para Goldfield, e então olhou novamente para a mulher no bar. Ok, ele admitiu: alarme falso.

Observamos enquanto Brainin demonstrava para um cozinheiro a maneira certa de servir o *kampachi*, com porções de rabanete sobre o peixe. Freedman estava no balcão da *hostess*, resolvendo um problema de assentos. Cinco homens que moravam na vizinhança queriam uma mesa, mas não fizeram reserva. Eles entregaram a Freedman 100 dólares (para a equipe, disseram), e ela respondeu que avaliaria o que era possível ser feito. Após um minuto, durante o qual adicionou o dinheiro ao pote de gorjetas da equipe, ela informou aos homens que podia acomodá-los. Eles ficaram em êxtase.

Em certos estados de humor, Vongerichten fala melancolicamente sobre os dias mais simples, quando possuía apenas um restaurante para administrar, em que tudo que tinha para se preocupar era o Lafayette ou o JoJo. Reduzir, se ele pudesse fazer isso, também poderia fornecer o caminho mais rápido de volta à terceira estrela Michelin: os críticos querem inovação constante de um chef, mas também recompensam algo mais próximo do ascetismo. O gênio solitário, presidindo o balcão com sete lugares. É uma história mais atraente do que o chef que consegue abrir sete restaurantes em um ano.

O dilema de Vongerichten é que o impulso que tornou o Lafayette e o Jean-Georges notáveis é o mesmo que tornou impossível fazê-lo se contentar apenas com um ou dois restaurantes. É o desejo de dizer "sim" a tudo, de resolver todos os problemas, de fazer todos felizes. "Entrei neste negócio", disse ele, "porque adoro mimar e cuidar das pessoas." Se você pudesse fazer isso em 18 cidades em quatro continentes, em vez de em um restaurante no Central Park, não o faria?

Já estava escuro, e as luzes brilhando ponte do Brooklyn refletiam na água. Brainin recuou e admirou a linha em funcionamento. Nunca parava de surpreendê-lo, disse ele, observar uma cozinha sendo montada. Três semanas antes, eles mal podiam servir 20 refeições sem entrar em pânico. Agora estavam fazendo 140. "Abrir um restaurante é como ter um bebê", analisou ele. "É um processo extenuante, árduo e complicado. Você tem que ter certeza de que o bebê pode respirar, comer, andar e crescer por conta própria." Ele continuaria indo ao Fulton todas as noites durante um mês. "Depois disso, estarei aqui pelo menos uma vez por semana, você sabe, para sempre."

Ele voltou para a cozinha, onde Poses e Vongerichten estavam conversando sobre um prato. Se ainda não estivesse perfeito, faltava um ou dois gramas, no máximo.

Planejando de trás para frente:

lírios da Páscoa e jatos da Airbus

Se você pegar a Redwood Highway vindo de Oregon, cruzar a fronteira para entrar na Califórnia e subir as montanhas Klamath até a estrada terminar, você acabará em um pequeno planalto com vista para o Oceano Pacífico. É um lugar que, durante o verão, não fica muito quente e, durante o inverno, não muito frio. Tem chuvas anuais o suficiente para torná-lo o ambiente perfeito para o cultivo de uma planta rara: *lilium longiflorum*, o lírio da Páscoa.

Lá, em cerca de 8 quilômetros quadrados de terra arável e plana, perto da cidade de Smith River, estão as quatro fazendas familiares que produzem todos os lírios da Páscoa vendidos nos Estados Unidos e no Canadá: cerca de 10 milhões de bulbos, dependendo do ano. Algumas décadas atrás, antes que os fazendeiros descobrissem que remover os botões das plantas aumentava os bulbos na época da colheita, os campos estariam repletos das delicadas flores brancas durante todo o mês de julho, com pessoas indo de carro para cima e para baixo na costa apenas para poder observar. "Não há nada mais majestoso do que 2, 3, 4 hectares de lírios da Páscoa, todos floridos em uma noite de lua cheia", um dos fazendeiros me disse.

Você vai notar que eu falei que o lírio floresce em julho, ao menos naquela parte do mundo. O modo como os cultivadores fazem com que ele floresça em março ou abril – o Domingo de Páscoa cai em uma data diferente a cada ano, em um intervalo de trinta e cinco dias – nos fornece uma demonstração do domínio dos prazos como nenhuma outra no mundo agrícola. A equipe da Jean-Georges Management havia usado prazos intermediários para tornar a corrida para o dia de inauguração o mais organizada possível. Os criadores de lírios deram um passo além: criaram um plano para cumprir um prazo, sem falhar, ano após ano.

Para ver como eles fazem isso, faremos um desvio para uma operação que, em sua superfície, não poderia ser mais diferente dos campos lamacentos e galpões de uma fazenda de lírios da Páscoa: a imaculada linha de montagem de um fabricante de aeronaves. Também aprenderemos como os fazendeiros de Smith River evitam a armadilha da falácia do planejamento – uma peculiaridade da psicologia humana que nos faz subestimar cronicamente quanto tempo e esforço um projeto exigirá. (Veja também a Lei de Hofstadter: "É sempre necessário mais tempo que o previsto, mesmo quando se leva em conta a Lei de Hofstadter".) Os produtores de lírios não podiam se dar ao luxo de errar sem que isso os levasse a sair do mercado: perder o prazo da Páscoa seria fatal. Afinal, um morango que amadurece com uma semana de atraso ainda pode ser vendido. Quando eu estava em Smith River, o ditado que ouvi foi: "No dia seguinte à Páscoa, um lírio da Páscoa não vale nada".

Para determinar a programação anual, os produtores fazem a contagem regressiva a partir do Domingo de Páscoa: você precisa de pelo menos 110 dias na estufa para fazer a planta florescer (chamado de "forçar"), após seis semanas de resfriamento (chamado de "vernalização") a 4ºC ou menos – um falso inverno em galpão que, por acaso, ocorre durante o verdadeiro inverno norte-americano. Some esses dias e folheie o calendário e você chegará a algum lugar entre o início e o final de outubro. A colheita de bulbos é a única variável que pode se mover com a Páscoa, e assim é feito.

Linda Crockett, cultivadora de lírios de segunda geração e gerente do Del Norte County Farm Bureau, afirma que outubro é sempre a época mais agitada no campo. É quando aquilo que os produtores fazem pode determinar sua capacidade de cumprir ou não o prazo da Páscoa. Tudo acontece ao mesmo tempo: os trabalhadores estão tirando bulbos de lírios do solo e classificando-os por tamanho; carregam os maiores em caminhões e os enviam para todo o país; e estão replantando os bulbos e bulbilhos menores para a próxima estação. Plantar, colher e despachar, tudo acontecendo simultaneamente.

Quando a conheci, em uma manhã de outubro, Crockett parecia estar no papel de alguém que cumpria uma tarefa fisicamente intensa em um prazo extremo. Ela usava botas de borracha sujas de lama, jeans e um moletom com capuz, os cabelos curtos e grisalhos um pouco despenteados. "As pessoas estão muito cansadas", ela me disse. "Não consigo pensar em outra cultura que seja tão puxada quanto esta."

Crockett era ao mesmo tempo rabugenta, mandona e solícita. Tinha o hábito de interromper uma conversa ao entrar no carro e sair dirigindo sem maiores explicações. No escritório do Farm Bureau, ela me viu olhando um folheto com o título "Calculando a umidade do solo por meio de sua sensação e aparência". Fotos de Trump, Pence e do secretário da Agricultura, Sonny Perdue, olhavam para nós na parede. "Você não aprende nada sentado em um escritório", Crockett falou. Ela me disse para acompanhá-la no dia seguinte a Palmer Westbrook, onde trabalhava meio período no galpão de avaliação dos bulbos. O expediente começava todas as manhãs às 7 horas.

Cheguei a Palmer Westbrook, em Westbrook Lane, às 6h30, quando os primeiros sinais do nascer do sol apareciam atrás das montanhas a leste. Smith River é um acontecimento aleatório: algumas igrejas, um bar, uma lanchonete, todos em estradas diferentes, sem nenhum centro real. O terreno aberto é uma colcha de retalhos de campos de lírios e pastagens para vacas, e as estruturas construídas pelos quatro produtores – geralmente limitadas ao galpão de classificação de bulbos, um depósito e talvez uma estufa – são tão pequenas que mal se registram na paisagem. No entanto, todos os lírios da Páscoa do país passam por essas construções.

Atrás do galpão de classificação em Westbrook havia cerca de 3 hectares prontos para serem colhidos hoje. Ao lado, outro terreno já havia sido cavado e replantado. Estava 8°C, o máximo de frio que faz em Smith River. Uma sensação estranha acompanhou uma olhada na previsão: todos os dias uma máxima de 15°C e mínima de 7°C, com uma linha de sóis marchando pela página. Clima de cultivo de lírios. Andei ao redor do galpão de classificação até encontrar uma porta aberta.

O prédio tem cerca de 70 metros de comprimento por 30 metros de largura, com um telhado alto de aço. Todos os dias, das 7h às 16h30, os bulbos são lavados, classificados, embalados e preparados para serem enviados. Um armazém climatizado ao lado guarda as caixas até a chegada dos caminhões.

No centro do galpão de classificação está um gigantesco classificador de maçãs amarelo, um labirinto de esteiras transportadoras, rampas e balanças. Os lírios da Páscoa não constituem uma indústria grande o suficiente para merecer seu próprio equipamento, então todas as máquinas são reaproveitadas de um canto maior do mundo agrícola ou fabricadas internamente. Eles usam escavadores de batata no campo, lavadores de morangos dentro do galpão e classificadores de maçãs para pesar e separar os bulbos. O classificador de maçãs Westbrook foi construído por uma empresa chamada FMC, que durante décadas também produziu veículos anfíbios para os militares. Uma placa na lateral da máquina no galpão de Westbrook dizia "Food Machinery and Chemical Corporation", o nome que a empresa tinha entre 1948 e 1961.

Os bulbos chegam do campo em uma caixa de madeira do tamanho de um palete, que alcança a altura da cintura, cada uma contendo milhares de bulbos. Esses caem em um funil, que os distribui ao longo de uma esteira móvel, onde os trabalhadores removem gravetos e cortam raízes extralongas. Em seguida eles passam pelas lavadoras de morango, que usam pulverizadores para remover um pouco da sujeira, e por uma mesa vibratória cheia de água, que remove o restante. Os bulbos úmidos então caem na primeira esteira do classificador, onde os trabalhadores colocam cada um em um copo individual para ser pesado. A própria máquina separa automaticamente os bulbos. Os mais leves são replantados, vendidos para outra fazenda ou compostados. Os maiores e mais "comerciais" são divididos em quatro classes: 7/8 (para bulbos entre 7 e 8 polegadas de circunferência), 8/9, 9/10 e 10-mais. Mais esteiras transportadoras movem esses bulbos para a estação de empacotamento certa, na qual um trabalhador as arruma em uma caixa, cobrindo-as com musgo de turfa e enviando-as ao longo da linha para um depósito antes do envio. Toda a operação se parece com a máquina Rube Goldberg mais empoeirada e lamacenta já inventada.

Antes do início da linha, alguns homens começaram a montar as caixas de madeira usadas para transportar os bulbos. Eram empregados permanentes, não sazonais, jovens que vieram para a Califórnia com a esperança de uma vida de aventura. Um deles, um garoto magro com uma barba ruiva desgrenhada, havia deixado a Pensilvânia com a esperança de se tornar pescador de salmão. Ele passou apenas alguns dias na água antes de desistir. O capitão, ele descobriu, era um bêbado. "Um barco é um lugar pequeno demais para estar com um idiota", explicou. Ele estava em Westbrook há um ano, montando caixas, dirigindo a empilhadeira, fazendo tudo o que precisava ser feito para manter os escavadores cavando e os classificadores separando.

Faltando alguns minutos para as 7 horas da manhã, os trabalhadores da linha começaram a chegar. A linha de Westbrook era composta inteiramente por mulheres, quase em sua totalidade imigrantes do México e da América Central. Harry Harms, o ex-gerente geral da Hastings Inc., um agricultor com campos em Smith River e do outro lado da fronteira em Oregon, disse-me que essa era a norma. "As mulheres são a força motriz aqui, e cada um desses motores tem de ir para casa cozinhar, limpar e lavar para uma família inteira", ele disse. "Se você não é capaz de apreciar isso, você é um idiota."

Cerca de 15 trabalhadores se alinham perto de uma máquina de cartão de ponto eletrônico para marcar sua chegada. Alguns se abraçaram quando se viram. Conforme os segundos contavam até as 7 horas, o último deles apertou o relógio e, muito rapidamente, todos se materializaram na linha. A campainha soou, e as esteiras foram acionadas. Os bulbos haviam sido deixados independentemente de onde estivessem no processo na hora de desligar no dia anterior, então todos estavam trabalhando rapidamente a todo vapor. Ao lado do funil, as mulheres agarraram galhos e caules errantes que poderiam emperrar na máquina. Na primeira estação do classificador de maçãs, eles começaram a colocar os bulbos nos copos de pesagem. Mais adiante na linha, inspecionaram os bulbos comerciais para se certificar de que a circunferência combinava com a caixa para a qual estavam destinados. Eles não teriam pausa antes das 10 horas, depois para o almoço, e novamente às 14h30. Era um trabalho exaustivo.

Alguns funcionários que trabalhavam na frente das esteiras não haviam ido naquele dia, então Crockett estava tentando persuadir uma das mulheres a se dirigir para lá. A mulher sorria para Crockett com indulgência, mas parecia cética quanto a seguir suas ordens. Crockett acabou desistindo e me puxou para a linha de classificação, onde ela agarrou um 9/10 da esteira e me perguntou o que eu via. Parecia um bulbo desnudo de alho, com todos os dentes carnudos e sem pele, e algumas raízes fibrosas saindo do fundo. Não, ela disse, olhe mais de perto. Eu vi que o que parecia ser um grande bulbo era, na verdade, duas metades que cresceram juntas. Isso, disse Crockett, é um nariz duplo. Se deixado para crescer em uma estufa, criará duas hastes separadas. Alguns compradores procuravam tal fenômeno, mas a maioria buscava pelo lírio da Páscoa padrão: um caule, um ninho de folhas verde-escuro e cinco ou mais flores de trombeta brancas. Ela quebrou em dois o bulbo duplo e os jogou na pilha de rejeitados.

Crockett está no negócio de lírios da Páscoa desde os anos 1980, quando seu pai comprou a fazenda de lírios do outro lado da rua de seu pasto. Eles chamaram a nova operação de Crockett United. Ela estava na casa dos 20 anos quando começou e agora tem 61, o que a tornava uma das pessoas mais experientes do mundo em avaliar as perspectivas comerciais de um bulbo.

Alguns anos atrás, depois que seu pai morreu, Crockett teve uma briga com seu irmão sobre quem iria administrar a fazenda. Ambos tinham ideias firmes sobre como as coisas deveriam ser conduzidas, mas o irmão dela tinha o controle da operação e, por fim, ele a tirou do jogo. Eles não se falaram desde então. Seu irmão ficou surpreso quando ela se juntou a Westbrook, ou pelo menos foi o que ela ficou sabendo. "Acho que ele pensou que eu iria embora", disse Crockett, "mas eu não vou embora."

Uma espécie de quietude instalou-se sobre os trabalhadores do galpão. Não uma imobilidade, já que moviam os bulbos ao redor da linha o mais rápido possível, mas uma firmeza, um ritmo de trabalho que de alguma forma fazia com que toda a operação suja, barulhenta e ininterrupta parecesse quase calma. Cumprir o prazo de entrega dos lírios a tempo para a Páscoa não foi uma questão de alcançar avanços em qualidade e consistência como no Fulton, ou esperar que o tempo certo chegasse, como veremos no próximo capítulo no resort de esqui de Telluride. Esse foi um local escolhido por sua previsibilidade. Acertar significava resolver um problema matemático: calcular o número de bulbos que você precisa processar e com que rapidez você pode processá-los. Conte desde a Páscoa para determinar a data de início e ligue as esteiras.

Não muito antes de ir para Smith River, tive uma conversa com um homem chamado Bill West, que me deu o vocabulário para nomear o que os cultivadores de lírio da Páscoa estavam fazendo. Eu estava prestes a visitar a linha de montagem que a Airbus construiu em Mobile, Alabama, onde o conglomerado europeu montava aviões destinados ao mercado americano. Em termos de tamanho, receita e sofisticação, a Airbus é quase tão diferente de uma fazenda familiar quanto você pode imaginar, mas os métodos usados para entregar seus produtos no prazo eram semelhantes.

West é o chefe de operações da Engenharia da Airbus América e, por isso, passa muito tempo pensando em cronogramas e planejamento. Ele é uma pequena parte de uma operação gigante – sua especialidade são as estruturas de asas –, mas sabe como ficar de olho no prazo. "Assim que eu disser à JetBlue que vou entregar um avião no dia 15 de dezembro deste ano, ele deve ser entregue nessa data", ele me disse. Na linha de montagem em Mobile, um novo Airbus A320, uma aeronave de corredor único destinada a competir com o Boeing 737, sai da linha a cada seis dias.

A linha de montagem, no entanto, é apenas a reta final do que pode ser um processo de dez anos, desde o desenvolvimento inicial da aeronave até a certificação da Administração Federal de Aviação (FAA) e a produção. Custa cerca de US$ 15 bilhões para ver isso até o fim. "Você constrói o cronograma de trás para a frente – do fim ao início, como o chamamos", ele me explicou. Assim como os cultivadores de lírio, você determina seu prazo e conta a partir daí. Faz-se o mapeamento do tempo necessário para cada estágio do processo (seja vernalizando os bulbos ou projetando um novo formato de asa), e, em seguida, define-se a data de início. Experimente as coisas de outra maneira – do início ao fim – e você está atraindo uma série interminável de estouros de tempo e de custos. Ou, se você é um fazendeiro de lírios, não haverá flores na Páscoa. É tão simples que parece uma tautologia: ter um prazo torna possível cumpri-lo.

Mobile é um porto em funcionamento, acostumado à visão de docas secas e guindastes de transporte batendo contra as casas e os prédios de escritório da cidade, mas ainda era estranho ver quão perto as enormes instalações da Airbus estavam do centro da cidade. Cinco quilômetros: a distância da Times Square ao SoHo. Os hangares do A320 se localizam na 320 Airbus Way. Em breve, eles também começarão a fazer os A220 em Mobile, e essa instalação ficará – onde mais? – na 220 Airbus Way.

Uma funcionária da Airbus chamada Kristi Tucker me mostrou o hangar gigante, chamado de linha de montagem final (FAL), onde os trabalhadores estavam construindo os A320. Cada prédio no campus era numerado, Tucker me disse, mas não sequencialmente. Em vez disso, eles copiaram os números do campus original do A320 em Hamburgo, o que significava que eu podia ver um 8, 9, 10, 12 e 19, mas nenhum prédio para preencher essas lacunas. (Manter a numeração consistente permitiu uma comunicação fácil com a Europa. O FAL em ambas as cidades, por exemplo, estava no prédio 9.)

O hangar FAL tinha a sensação de silêncio mortal e perfeita do interior de um estádio abobadado, sem as pessoas e o barulho. Subimos até a passarela do terceiro andar para ver os aviões tomando forma lá embaixo. Existem quatro estações dentro do edifício: 41, onde os trabalhadores unem as duas metades da fuselagem; 40, onde acrescentam as asas e o trem de pouso; 35, onde colocam a cauda; e a doca, onde funcionam os motores. Os números representam o número de dias faltantes para a entrega do avião, até que a Airbus tornasse todo o processo mais rápido. "Ficamos cada vez mais enxutos e mesquinhos", disse Tucker. Em cada estação havia um relógio que mostrava a contagem regressiva até que cada avião se movesse para a próxima estação. Naquele momento, ele marcava dois dias, quatro horas, quinze minutos e trinta e dois segundos.

Antes que os trabalhadores entrem na fuselagem no 41, eles instalam os lavatórios e cozinhas nas extremidades abertas. Essas peças pré-montadas são conhecidas coletivamente como "monumentos". Para ir do 41 ao 40, a fuselagem voa no ar, suspensa por um guindaste preso ao teto. Depois do 40, o avião rola sobre suas próprias rodas. Tucker disse que o FAL em Hamburgo é idêntico a este, exceto que o guindaste aqui é pintado de amarelo em vez de laranja.

Na estação 40, os trabalhadores usaram uma escada em arco para escalar o centro do avião. Eles estavam instalando as asas, a parte mais intrincada do processo, envolvendo 1.200 rebites, com seu posicionamento medido em um décimo de milímetro. Para acelerar a linha, um segundo conjunto de asas e postes estava posicionado sob as asas instaladas, pronto para a próxima fuselagem vir, como um batedor, subindo a placa até o centro da plataforma.

Os estabilizadores verticais vinham pré-pintados, o que significava que, assim que o avião chegava à estação 35, era possível dizer quem era o cliente. Uma aeronave destinada à Delta estava na estação 35, e uma aeronave destinada à Frontier estava nas docas. A Airbus instala equipamentos de terceiros na estação fixa, incluindo os assentos, que a companhia aérea pode escolher em um catálogo. Nesse ponto, o avião está perto o suficiente da entrega, e os trabalhadores têm que usar roupas especiais sem bolso e botas para não o arranhar.

Do FAL, o avião segue para aferição, para testar os tanques de combustível, e, depois, para a oficina de pintura. Para pintar um avião, são necessários de sete a dez dias. Em seguida, ele vai para o hangar da linha de voo, onde todos os componentes são testados antes que o avião voe pela primeira vez. A Airbus mantém uma equipe de pilotos de teste em Mobile, que coloca o avião em tensões além do que as operações normais exigiriam.

Depois que a Airbus conclui todos os seus testes, as companhias aéreas trazem os próprios pilotos para um "voo de aceitação por parte do consumidor". Todo o processo de entrega leva quatro dias, incluindo voos de teste e transferência de títulos. O centro de entrega tem vagas de estacionamento para cinco aeronaves – uma para cada avião que a linha produz mensalmente. O último dia é a data da transferência do título. A companhia aérea transfere o dinheiro para a Airbus e toma posse da aeronave. Agora é dela.

Então: levei mil palavras apenas para descrever os últimos quarenta dias ou mais de um processo de dez anos. Gerenciar toda essa complexidade, desde a prancheta de Bill West até a entrega final, requer um sistema. E tudo começa com o agendamento de tudo do fim ao início.

Muitos dos homens e mulheres que conheci na região dos lírios da Páscoa tinham gravado na memória uma história resumida da indústria, pronta para ser revelada a um visitante. Crockett lançou uma versão dela minutos depois de nosso primeiro encontro no Farm Bureau.

Em geral, a história inicia-se durante a Segunda Guerra Mundial, e por um bom motivo, mas vou começar muito antes, com a "descoberta" do lírio no final do século XVIII no Japão por um naturalista sueco chamado Carl Peter Thunberg. Como a maioria dos europeus no Japão da época, Thunberg estava confinado em Dejima, uma ilha artificial na costa de Nagasaki, e suas interações com os japoneses eram restritas. Após ele ter se mostrado hábil no tratamento da sífilis, no entanto, os japoneses deram-lhe permissão para explorar algumas partes do continente, onde coletou amostras de plantas. Uma delas foi da *lilium longiflorum*.

Em meados do século XIX, a flor chegou às Bermudas, onde tinha o vantajoso hábito de florescer no início da primavera. Harry Harms, o cultivador da Hastings Inc., atribuiu a disseminação da flor nos Estados

Unidos a um florista da Filadélfia que visitou as Bermudas nas férias: "Ele viu essas coisas florescendo lá por volta da época da Páscoa e disse 'Puta merda, posso vender muitas dessas'". (Como a maioria das histórias de origem, esta parece ser uma mistura de realidade e ficção.) Por décadas, os lírios das Bermudas dominaram o mercado dos Estados Unidos, tempo suficiente para estabelecer a flor como o acompanhamento-padrão para os serviços religiosos de Páscoa ou como o enfeite na mesa durante o almoço de Páscoa. Quando um vírus destruiu a safra da ilha na década de 1890, os produtores japoneses aumentaram para atender à demanda, e o mercado nas Bermudas nunca se recuperou. (A ilha ainda envia um lote de lírios para o Palácio de Buckingham todos os anos, no entanto, como um presente de Páscoa para a rainha.)

Entre as guerras, o Japão despachou de 20 a 25 milhões de lírios para os Estados Unidos todos os anos. O ataque a Pearl Harbor, é claro, acabou com as importações, e o preço dos lírios disparou. Agricultores na Califórnia e no Oregon já haviam começado um resistente cultivo em pequenos lotes e em hortas. Assim que o preço subiu para um dólar por bulbo, essas plantas passaram das "margens para o centro do palco". As fazendas de lírios surgiram de Portland a Santa Cruz. A certa altura, havia cerca de 1.200 produtores comerciais na Costa Oeste.

Desde então, a história tem sido de consolidação, primeiro como um sinal de força, conforme os cafeicultores ricos compravam uns aos outros, e depois de fraqueza, à medida que o aumento dos custos e a queda dos preços levavam os agricultores a buscar qualquer eficiência que pudessem descobrir. Muitas das minhas conversas com os cultivadores de lírios foram em relação a quanto tempo o negócio poderia sobreviver. Não muito, era o consenso. "Costumávamos chamar os bulbos de ouro branco", disse June Markum, gerente de escritório em Hastings. "Não os chamamos mais assim."

A operação Hastings está bem à primeira vista, em um penhasco alto sobre o oceano. O escritório é coberto com painéis de madeira falsa e parece não ter sido atualizado desde que *Dallas* estava no ar, mas através da janela o azul do Pacífico estava quase ofuscante. Ano após ano, Markum me contou, ela enfrentou dois grandes desafios: contratar gente suficiente para colher e processar os bulbos e conseguir caminhões suficientes para ir ao litoral buscá-las. Encontrar uma força de trabalho confiável tinha sido especialmente difícil nos últimos tempos. Os moradores locais não queriam o emprego, e os trabalhadores agrícolas migrantes foram lentamente expulsos por três décadas de repressão à imigração. Ela me mostrou uma pasta grossa com os pedidos de pessoas que trabalharam na linha de produção e depois desistiram. No topo de um formulário, alguém escreveu: "ANSIOSO DEMAIS PARA TRABALHAR". Quanto aos caminhões, eles precisavam de cerca de 200 semirreboques por temporada. Mas, como a fazenda ficava a horas da interestadual mais próxima e não havia muitos outros negócios para um carregador fazer na área, os caminhões foram obrigados a se encaminhar para lá apenas para apanhar os lírios, o que um custo extra.

Markum disse que os quatro produtores restantes estavam observando seus concorrentes de perto: "Estamos esperando para ver quem é o próximo a cair". Mas ela também insistiu que em Hastings eles queriam que todos sobrevivessem: "Gostamos de manter os pequeninos, porque são empresas familiares". Ela puxou uma folha laminada da parede, que mostrava a data da Páscoa para cada ano de 1996 a 2045, quando suponho que eles terão que imprimir uma nova folha de referências para o próximo meio século, se Hastings ainda estiver por aí.

Harry Harms chegou e assumiu de onde Markum parou. Ele disse que, apesar de todos os problemas que os cultivadores de lírios enfrentaram, eles foram mais eficientes do que nunca. Ninguém nunca mais perdeu o prazo. Houve inovações: novas formas de cultivar, sprays que previniam a podridão cinzenta ou vermes nematoides, a decisão de cortar os botões antes de florescerem para maximizar o tamanho do bulbo. "A nossa capacidade de controlar as coisas é simplesmente muito melhor do que costumava ser", disse Harms. "Antigamente, era pura arte conseguir essa flor de Páscoa. Parecia tudo meio truque de mágica." Eles acertaram o tempo, desde a colheita até o resfriamento, passando pela estufa até a venda final, e a própria planta tornou-se cada vez mais padronizada. Cinco flores, 60 centímetros de altura, prontas para consumo.

A capacidade de realizar a entrega no prazo não era o problema; era a incapacidade de exercer qualquer controle sobre o preço. Isso foi principalmente um efeito das grandes lojas assumindo a maior parte de seus negócios. Se a Home Depot ou o Walmart decidissem que um lírio da Páscoa seria vendido por 8 dólares em vez de 10 dólares, os agricultores pouco poderiam fazer em relação a isso. "É o nosso fim", disse Harms. "É o que vai nos colocar fora do negócio. É o que está nos tirando do mercado. Quando o maior varejista do mundo tem, em cada um de seus edifícios, 'Sempre o preço mais baixo', quem você acha que perde? Os fornecedores. Os fornecedores são esmagados. Na verdade, e com toda a justiça, o Walmart não é o pior. Outros grandes negócios são terrivelmente brutais." Harms também viu o desaparecimento da força de trabalho sazonal da qual a indústria costumava depender. "A tripulação é tudo por aqui, e não conseguimos funcionários o suficiente", explicou. Antes que a fronteira fosse tão fortemente policiada, os fazendeiros de toda a Califórnia podiam obter trabalhadores para colher morangos e cerejas, transferi-los para os tomates, colocá-los em colheitas especiais como a dos lírios da Páscoa no outono e, em seguida, ir para o Sul colher laranjas no inverno. Os trabalhadores viriam do México para trabalhar por um ou dois anos e depois voltar para casa com dinheiro em mãos para abrir um negócio ou construir uma casa. Agora, esses mesmos imigrantes tinham maior probabilidade de permanecer nos Estados Unidos em vez de se arriscarem a outra travessia, o que significava que estavam procurando empregos que lhes permitissem ficar em um só lugar e se estabelecer. Culturas especializadas como o lírio da Páscoa haviam perdido sua força de trabalho.

O resultado foi um sistema em que qualquer safra de mão de obra intensiva tornou-se cada vez mais difícil de produzir, enquanto as operações mecanizadas prosperavam. "Se você quiser comer feijão, arroz, soja, milho e cevada a vida toda, você está no lugar certo, mas se quiser comer uma cereja ou um pepino ou qualquer coisa assim, está ferrado", concluiu Harms. "A agricultura está morrendo. A agricultura é frágil. Está acontecendo muito rápido e bem diante dos nossos olhos."

Por trás de sua raiva estava um amor constante pela colheita à qual ele devotou a vida. Harms falou do lírio, de sua beleza e fragilidade, com algo próximo da ternura. Também disse que, do ponto de vista de ganhar dinheiro, todos deveriam ter deixado o negócio agora, mas todos estavam "viciados". Ele sentia falta do tempo em que simplesmente deixavam as flores desabrochar.

De volta a Westbrook, os trabalhadores ainda estavam empacotando bulbos de lírios, caixas de pregos, carregando paletes deles em uma empilhadeira para mover para o prédio de armazenamento. Crockett me perguntou se eu queria encontrar Will Westbrook, que possui e opera Palmer Westbrook com seu irmão Matt. Nós o encontramos perto do fim da linha, ao lado da caixa de controle que ligava e desligava a esteira. Will Westbrook estava na casa dos 40, mas parecia muito mais jovem, com uma estrutura robusta, o rosto queimado de sol e um boné. Havia sujeira sob suas unhas porque retirava os bulbos da linha para inspecioná-los.

Westbrook disse que ficaria feliz em conversar, mas ele teria que ficar de olho no relógio. "Temos catorze minutos até a campainha tocar para o almoço", avisou ele, sobre o momento em que os trabalhadores se afastariam da linha, quer ela ainda estivesse em movimento ou não. Suas margens já eram incrivelmente apertadas, e ele não podia se dar ao luxo de perder nem um bulbo. Muitos de seus melhores trabalhadores haviam sido expulsos pela política de imigração do governo Trump, e os que permaneceram estavam recebendo bem, graças à lei do salário mínimo da Califórnia, que ele aceitou com uma espécie de fatalidade: "Horas extras por salário mínimo são quanto, 18 dólares? Uau, é a primeira vez que digo isso em voz alta". Ele balançou a cabeça.

Westbrook foi ousado sobre o que o ajudaria agora. "Eu adoraria encontrar alguns robôs que soubessem separar os lírios", disse ele. Os holandeses, mestres de todas as coisas no mundo das flores, tinham um classificador automático que poderia substituir seu classificador de maçãs, mas ele foi feito para tulipas, que são mais resistentes do que bulbos de lírios. Mas, de qualquer forma, ele não tinha dinheiro para comprar um. Lembrei-me de algo que Harms me disse: "O objetivo do capitalismo é: garantir que ninguém tenha um emprego".

Westbrook podia sonhar com robôs holandeses, mas, enquanto isso, tratava seus trabalhadores bem o suficiente para fazê-los voltar ano após ano. Mesmo que outras operações tivessem que passar por ajustes para manter sua equipe de linha, Westbrook manteve alguns classificadores veteranos, a maioria vinda do México, que começaram a trabalhar para seu pai e seu tio quando era mais fácil para os trabalhadores agrícolas migrantes mudar de emprego para emprego.

Enquanto o relógio marcava 12h30, quando a campainha soava como um bloco de celas sendo aberto, Westbrook foi até os controles da esteira. Crockett apareceu de seu esconderijo quando a campainha ecoou pelo galpão. Westbrook apertou o botão de parar, as máquinas congelaram e todos correram para o micro-ondas para esquentar o almoço. Assim que a linha parou, Westbrook trancou a caixa de controle para impedir que alguém voltasse enquanto limpava o maquinário. Crockett contou a história de um de seus funcionários na Crockett United que perdeu um dedo quando alguém ligou as esteiras durante o conserto. Westbrook olhou para mim e disse: "Você pode ir aonde quiser, mas tente não perder um dedo".

Do lado de fora, os trabalhadores da linha estavam sentados na traseira de seus caminhões e para-choques de carro comendo seus almoços. Um dos funcionários, um homem chamado Filemon, me levou para ver o "conta-gotas", o trator que usavam para o plantio. Ele tinha um equipamento que podia arar o solo e colocar bulbos em intervalos regulares, tudo em um ritmo de caminhada. Em geral, um bulbo comercial começava como uma "folha rudimentar", um único cravo que amadurecia e no final do ano se transformava em um pequeno bulbo do tamanho de uma noz. Ele seria colhido e replantado em outubro, depois colhido novamente no ano seguinte, quando seria um bulbo adequado – mas ainda não grande o suficiente para ser comercializado. Mais um ano no solo costumava ser suficiente para fazê-lo atingir 17 centímetros ou mais, porém alguns bulbos requeriam cinco anos para chegar a esse tamanho. Filemon me disse que trabalhava para Westbrook há dez anos, desde que chegara à Califórnia vindo da Cidade do México. Quando ele começou, a maior parte do trabalho ainda era feita à mão, anos de escavação e replantio, apenas para obter um bulbo que seria vendido por 1 dólar.

A colheita também foi parcialmente automatizada, mas ainda era um trabalho difícil. Crockett me levou ao campo para observar uma fileira de bulbos sendo puxada do solo pela plataforma de escavação de batatas, que parecia uma barraca de madeira compensada sendo arrastada por um trator. Três ou quatro homens – a maioria homens do campo – estavam dentro da estrutura enquanto ela era puxada. Outro estava deitado de barriga para baixo em uma mesinha sobre rodas que era puxada como um vagão atrás do trator e do barraco. Tudo parecia montado ao acaso e prestes a desmoronar, mas era a ferramenta-padrão para a colheita dos quatro produtores. Crockett me puxou para dentro do barraco, para me mostrar o funcionamento.

Na frente da estrutura, logo atrás do trator, havia uma pá que mergulhava no solo, arrancando o que estava embaixo: no caso, o ideal, um maço de lírios. Os bulbos e as pedras e tudo o mais que a pá pegava eram transportados por uma pequena esteira até o barracão. Nele, os trabalhadores pegavam os bulbos e os jogavam em um transportador paralelo, o qual despejava os detentores em uma das grandes caixas de madeira que acabavam no início da linha de classificação. O que não era jogado na esteira, escorria da parte de trás do transportador principal e caía no chão. O cara deitado de bruços em seu pequeno trailer do tamanho de um homem – homem e trailer, ambos chamados de rastejadores – estava lá para recuperar todos os bulbos que os outros rejeitavam de maneira acidental.

Essa configuração decrépita, no entanto, era uma melhoria em relação ao método de colheita anterior. Quando Harms começou no negócio, relata ele, não havia máquinas de escavação de batata em Smith River. Em vez disso, os trabalhadores engatinhavam atrás do trator e pegavam os bulbos com as mãos. "Você puxava uma caixa, subia uma fileira e pegava os bulbos", disse ele. "Encha sua caixa, pegue outra caixa vazia" e comece todo o processo novamente.

Os trabalhadores da escavadeira de batatas estavam ocupados demais para sequer olhar para mim e Crockett. O trator continuou andando, e nós sacolejamos pelo campo. Ficar distraído mesmo por um segundo significaria deixar um bulbo passar despercebido, o equivalente a deixar um rastro de notas de um dólar espalhado atrás da barraca.

O planejamento de trás para a frente parece fácil, mas requer que pessoas como Linda Crockett e Will Westbrook superem uma falha humana consistente. Isso é chamado de "falácia do planejamento".

Amos Tversky e Daniel Kahneman cunharam o termo em 1977, para um artigo que escreveram sobre previsões para a Agência de Projetos de Pesquisa Avançada de Defesa (DARPA). Mais tarde, Kahneman afirmou que, em partes, o termo foi inspirado pela experiência que teve ao escrever um livro com um grupo de acadêmicos. No início desse projeto, ele pediu aos participantes para estimarem quanto tempo levariam. A estimativa média era de dois anos. Eles levaram nove anos.

A maioria de nós é otimista, o que pode nos tornar uma companhia melhor à mesa de jantar, mas significa que somos péssimos em prever o futuro. Subestimamos a quantidade de tempo exigida em um projeto. Se for um projeto que tem orçamento, também subestimamos a despesa. Foi o que aconteceu com a construção do Píer 17, casa do Fulton; na verdade, é um problema que assola a indústria da construção em geral. O exemplo mais famoso dessa tendência é provavelmente a Sydney Opera House, encomendada em 1957 com uma data de conclusão prevista para 1963 e um orçamento de US$ 7 milhões australianos. O edifício não foi concluído até 1973, e somente depois que as versões mais ambiciosas do plano foram reduzidas, por um custo final de US$ 102 milhões.

A falácia do planejamento é a tendência de aproveitar o cronograma mais otimista para concluir um projeto e ignorar informações que possam fazer você revisar essa previsão. De acordo com Roger Buehler, professor de psicologia da Universidade Wilfrid Laurier, as pessoas são muito teimosas quanto a essas conclusões, mesmo quando lhes são apresentadas evidências de como estiveram erradas no passado. Embora estejam cientes de que "a maioria de suas previsões anteriores era excessivamente otimista, elas acreditam que suas previsões atuais são realistas". Tom DeMarco, ex-engenheiro de software da Bell Labs, declarou certa vez que os prazos de conclusão de software eram "a previsão mais otimista com probabilidade diferente de zero de se tornar realidade".

Buehler e alguns colegas da Universidade de Waterloo, em Ontário, fizeram um teste com seus alunos para ver como eles eram ruins em dar uma estimativa de quanto tempo levariam para concluir um trabalho. Eles pediram a 37 alunos do último ano para fazerem três previsões: a data em que apresentariam sua tese de honra "se tudo corresse tão bem quanto possível", a data "se tudo corresse tão mal quanto possível" e sua melhor estimativa para qual seria a data real de envio.

Menos de 30% enviaram seus trabalhos até a data que consideraram a melhor estimativa de quando eles seriam concluídos. As previsões otimistas eram ainda piores – eles estavam errados em média em vinte e oito dias, e apenas 10% dos alunos tinham terminado até essa data. O resultado mais marcante, porém, pode ser o do cenário pessimista. Mesmo quando solicitados a prever o que aconteceria "se tudo corresse o pior possível", os alunos ainda estavam otimistas demais. Menos da metade havia terminado na data do pior cenário.

O problema com nossas previsões é que tratamos cada tarefa como um problema novo. Só podemos ver do início ao fim: construímos uma história sobre como concluiremos nosso trabalho, mas ignoramos as evidências de projetos semelhantes que nós ou outras pessoas fizemos no passado. Isso era verdade com o livro de Kahneman: um dos acadêmicos admitiu que os projetos anteriores em que ele havia trabalhado levaram no mínimo sete anos. Mas, quando chegou a hora de estimar quanto tempo esse levaria, ele apresentou como resposta dois anos, como todos os outros.

Nem tudo, porém, é impossível. Existe uma maneira de superar, ou pelo menos mitigar, a falácia do planejamento. Em um experimento de acompanhamento, Buehler e seus colegas pediram que um grupo diferente de alunos concluísse um tutorial de informática de uma hora em algum momento antes do prazo de uma ou duas semanas. Também pediram para eles preverem quando terminariam a tarefa, mas aqui os pesquisadores inseriram uma variável. Alguns dos alunos foram levados a pensar sobre as tarefas anteriores que haviam feito e que eram semelhantes a esta e a aplicar esse conhecimento à sua previsão. O grupo de controle não recebeu tais instruções.

Os resultados foram admiráveis: embora o grupo de controle exibisse o mesmo viés otimista dos alunos no primeiro experimento, esse viés quase desapareceu entre os alunos que foram solicitados a estabelecer uma conexão entre suas experiências anteriores e a tarefa atual. Eles previram que levariam, em média, sete dias para concluir o tutorial. A média real: sete dias.

No escritório em Hastings, havia um motivo para um calendário com a data de 1996 estar pendurado na parede. Os fazendeiros estavam vinculados ao prazo de Páscoa – eles não podiam se dar ao luxo de deixar que a falácia do planejamento os afetasse. Então, fizeram o mesmo que aqueles alunos, mas sem o incentivo de um grupo de professores. Pegaram a experiência anterior e a usaram para construir um cronograma, planejando de trás para a frente contando desde a Páscoa. Eles sabiam quanto tempo os lírios tinham que ficar nas estufas, quanto tempo deveriam ficar estocados e quanto levava para retirá-los do solo e colocá-los em caixas. E se alguém tivesse uma pergunta sobre como as coisas funcionaram na última vez em que a Páscoa caiu, digamos, no dia 20 de abril, eles poderiam facilmente obter uma resposta. Afinal, eram fazendas familiares: havia várias gerações em jogo, e eles já tinham visto de tudo antes.

Na semana anterior à minha chegada a Smith River, Sonny Perdue, o secretário da Agricultura, fez um discurso na World Dairy Expo, em Wisconsin.

O estado vinha perdendo uma média de 900 fazendas leiteiras por ano durante décadas, conforme as fazendas familiares eram compradas por conglomerados ou simplesmente encerradas. Menos de 8 mil sobraram, em um estado que já tivera mais de 130 mil. Alguém perguntou a Perdue sobre essas fazendas desaparecidas, e ele se recusou a oferecer falso conforto aos fazendeiros que não conseguiam se adaptar. "Na América", disse ele, "os grandes ficam maiores, e os pequenos se perdem."

O risco que Harry Harms viu nessa tendência era que essas empresas agrícolas maiores pudessem decidir que não valia a pena que certas safras fossem cultivadas. Por que se preocupar com o processo multianual de mão de obra intensiva para preparar um bulbo para florescer quando toda a indústria gerou cerca de US$ 10 milhões em receita e uma fração disso em lucro? Os pequenos produtores eram a única razão pela qual os lírios da Páscoa ainda existiam, e não havia como dizer por quanto tempo mais.

De volta à linha, Westbrook estava levando sua fita métrica para alguns dos rejeitados que rolavam pela esteira. Sem a sua intervenção, eles iriam parar em uma lata de lixo destinada ao replantio ou à compostagem. Ele pegou um e enrolou a fita métrica em torno dele. Os números na fita haviam desaparecido, mas ele havia desenhado à mão uma linha para 17, 20 e 22 centímetros no marcador permanente. Este estava logo acima da linha de 17 centímetros, mas, de qualquer maneira, ele o deixou ir para a pilha de rejeitos, talvez porque eu estivesse lá.

Westbrook preparou-se para a campainha das 16h30, quando fecharia a linha naquele dia. Ao correr das 7 até as 16h30, ele estava pagando uma hora extra diária. Esse foi o equilíbrio que ele e seu irmão haviam alcançado, pelo menos por ora, entre manter a folha de pagamento baixa e embalar os bulbos a tempo de iniciar sua longa jornada para a Páscoa. Os primeiros caminhões da temporada haviam ido e vindo dois dias antes, e o próximo chegaria no dia seguinte. Eles estavam no cerne da parte mais difícil, disse Westbrook.

Enquanto conversávamos, Crockett jogou um bulbo em Westbrook, mas não acertou sua cabeça. "Você nunca sabe quando uma briga de bulbos vai começar", disse ele. Os trabalhadores da linha estavam lutando mais rápido do que nunca para colocar os bulbos no lugar certo na hora certa, embora eu tenha visto algumas vezes o relógio. Conforme os segundos se aproximaram de 16h30, Westbrook colocou algumas caixas minúsculas de chocolates Milk Duds na esteira, que foram levadas até os classificadores, uma surpresa na hora de encerrar o expediente.

Quando soou a campainha, Westbrook foi falar com seu irmão, e Crockett e eu saímos do galpão. Talvez fosse o cansaço do fim do dia, ou talvez ela tenha gostado de mim, mas finalmente parecia ansiosa para conversar. Crockett sempre amou a agricultura, declarou ela, e amava, em particular, os lírios da Páscoa. Àquela altura, já havia tentado todos os empregos na fazenda, desde o escritório da folha de pagamento até o de rastejador. A rixa com seu irmão foi apenas a mais recente em uma vida em que os sentimentos foram deixados de lado na fazenda. "Conforme crescia, por ser mulher, não sabia dirigir o trator", contou Crockett. "Mas eu queria." Ela acredita que a Crockett United está sofrendo sem ela.

Até aquele ponto, toda a sua vida fora dedicada ao lírio. Foi uma colheita difícil, quase difícil demais de se preocupar, mas foi isso que a manteve interessada. Ela disse que, quando era mais nova, todos os dias ela e o pai se sentavam na varanda dos fundos depois do trabalho e conversavam. Ele tinha um grande portfólio para administrar – madeira, laticínios, imóveis, ações – e havia parado de supervisionar os lírios no dia a dia. Mesmo assim, sempre que eles se sentavam na varanda, era tudo o que ele queria falar com ela. "Como estão os lírios?", ele perguntava.

Uma pré-inauguração vigorosa:

estação de esqui Telluride

Era 15 de novembro de 2018, e Telluride não se parecia em nada com uma estação de esqui. As pistas estavam sujas e marrons, assemelhando-se mais aos terrenos secos do rio Los Angeles do que a uma montanha coberta de neve. Havia alguns grandes trechos cobertos de neve espalhados, mas os elevadores estavam travados e as ruas da cidade quase vazias.

Enfrentando o frio, um grupo de cerca de 90 homens e mulheres – a equipe mais antiga de Telluride – caminhava em direção a um centro de conferências não muito longe das encostas. Essa era a equipe que abriria a montanha naquele ano, e eles tinham uma semana para fazer isso. Ou esse era o plano, pelo menos: durante décadas, Telluride abrira no Dia de Ação de Graças, e todos, desde as famílias que já haviam reservado seus quartos de hotel até os negócios da cidade que dependiam do turismo para sobreviver, contavam com a continuidade dessa tradição.

No passado, pode ser que os funcionários de Telluride esperassem que a neve caísse e cobrisse as encostas naturalmente, mas no século XXI eles tinham mais algumas ferramentas à disposição. Aqueles montes de neve nas pistas, que de outra forma seriam completamente áridas, eram o produto de várias noites de fabricação de neve – havia uma equipe trabalhando do cair ao nascer do sol sempre que a temperatura ficava abaixo de zero, apontando canhões de água para o céu.

A neve artificial, não apenas em Telluride mas em todos os grandes resorts, salvou a indústria multibilionária de esqui dos extremos da mudança climática – em que um ano de recorde nos índices de neve pode ser seguido por uma seca absoluta – mas ela tem um custo. Bill Jensen, CEO da Telluride, planeja gastar US$ 15 milhões na fabricação de neve nos próximos dez anos. "Os próximos cinco anos podem ser ótimos anos de neve", ele disse, "mas dessa forma não precisamos nos preocupar."

Cumprir o prazo de Ação de Graças era importante não por ser extremamente lucrativo para o próprio resort – os mil esquiadores que eles esperavam eram uma pequena parte dos 8 mil que viriam todos os dias na semana após o Natal –, mas porque era aquilo que ditava o tom de toda a temporada. "Tradicionalmente", disse Jensen, "naquele feriado de Ação de Graças, há uma discussão em família." Pais, avós e filhos estão todos reunidos e planejam suas férias, especialmente para o fim do ano e as férias de primavera. Se Telluride estiver fechado nesse dia, é como se fosse enviada uma mensagem dizendo: não estaremos prontos para você se você vier.

A concorrência de Jensen era intensa, e todos estavam à procura de algum deslize. Nos últimos anos, a maior parte das grandes montanhas da América do Norte foi vendida para uma das duas corporações, Vail Resorts e Alterra Mountain Company. Telluride, com receita anual de cerca de US$ 80 milhões, era uma das poucas independentes restantes, de qualquer tamanho. A receita da Vail Resorts sozinha foi de mais de US$ 2 bilhões, e eles poderiam investir centenas de milhões de dólares em suas propriedades. Ambas as empresas estavam ansiosas para tomar o lugar de Telluride, considerado um dos destinos de esqui de alto custo que atraía pessoas para o Colorado.

Por acaso, Vail abriu no início de 2018: os primeiros esquiadores chegaram às pistas em 14 de novembro. Naquele dia, Telluride estava como sabemos – marrom como o rio de Los Angeles. Os dentes de tubarão das montanhas de San Juan assomavam no alto, revestidos de branco, como uma reprovação.

Na primeira vez que conversamos, em meados de outubro, Jensen não sabia se eles conseguiriam fazer neve suficiente antes do Dia de Ação de Graças para permitir que abrissem a tempo. Eles precisavam de duzentas horas de clima frio e seco apenas para cobrir as encostas em torno da cadeira 1 e da cadeira 4, os dois elevadores na base da montanha principal. "Se fizer apenas 6 graus negativos todas as noites a partir da semana que vem, sim, estaremos abertos", ele disse, mas havia cansaço em sua voz. Quarenta e quatro anos na indústria de esqui, e ele ainda olhava para o céu e tinha esperança.

Foi corajoso da parte de Jensen me convidar para ir a Telluride para assistir à corrida final para o dia de abertura. O Dia de Ação de Graças de 2018 foi em 22 de novembro, a data mais próxima em que poderia ser – ele teria seis dias a menos (ou, como disse Jensen, setenta a oitenta horas perdendo o tempo de neve) para deixar tudo pronto, quando comparado com o ano que se seguiria.

Mesmo quando o clima cooperava, ainda era uma grande operação começar a cada ano. A equipe mais que dobraria de tamanho. "Estamos acordando uma estação de esqui", disse Heather Young, a diretora de recursos humanos. "Passamos de cerca de 600 funcionários para aproximadamente 1.400. Vemos de 20 a 50 pessoas por dia juntando-se à equipe durante o primeiro dia do ano." Havia 12 restaurantes para serem abertos. Muitos operadores de elevador para treinar. Milhares de hectares de montanha para patrulhar. Uma escola de esqui para o pessoal. E, o mais importante, uma montanha inteira de neve para ser feita e empurrada para as encostas.

Seria uma corrida maluca até o fim, mas Jensen e sua equipe tinham uma arma secreta, que era o poder da natureza de abrir no Dia de Ação de Graças. Eles haviam estabelecido um prazo que dava a impressão de ser um evento decisivo: as pessoas apareceriam na montanha naquele dia, com a expectativa de esquiar. Mas realmente foi uma pré-inauguração fazendo-se passar por uma inauguração de verdade, com prazo rígido. O verdadeiro prazo, aquele que estragaria a temporada se eles não pudessem cumpri-lo, era a semana após o Natal, o que representava 20% dos esquiadores que visitavam o local ao ano.

"Usei essa analogia durante toda a minha carreira", disse Jensen. "Abrir esta área de esqui é como embrulhar um presente de Natal. No Dia de Ação de Graças, tudo o que precisávamos fazer era colocar o presente na caixa. Em 8 de dezembro, gostaria de embrulhar a caixa com um bom papel de presente. Em algum momento entre 18 e 20 de dezembro, vamos colocar a fita nesse pacote e estamos prontos para ir." Na verdade, havia até uma pré-inauguração da pré-inauguração: o resort permitiria aos esquiadores um número limitado de corridas no dia anterior ao Dia de Ação de Graças para algo chamado Dia da Doação, em que as vendas de ingressos do teleférico seriam revertidas para o clube de esqui infantil local.

Telluride criara para si as mesmas condições que Jean-Georges Vongerichten havia alcançado em seus jantares de amigos e familiares, e o que eu havia tentado criar para escritores patologicamente atrasados como John: um prazo suave com autoridade. Era uma forma de aproveitar as virtudes do efeito prazo (foco, urgência, cooperação) sem nenhum dos vícios (precipitação, desespero, incompletude).

Na introdução deste livro, aprendemos sobre a Kiva, uma instituição de crédito sem fins lucrativos para pequenas empresas, que viu aumento de 24% nos pedidos de empréstimo concluídos após a imposição de um prazo. Mais tarde, a Kiva fez um segundo experimento. Eles disseram aos possíveis mutuários que sua aplicação teria prioridade se cumprissem um prazo flexível seis dias antes da data-limite. O resultado? As inscrições concluídas subiram 26% – um aumento total de 56% em comparação com quando a Kiva não impôs prazo algum.

Em Telluride, Jensen sabia que o mundo não acabaria se eles não pudessem abrir no Dia de Ação de Graças. Mas, se conseguissem, estariam posicionados para cumprir o prazo mais importante dos feriados de Natal. A sabedoria dessa programação foi confirmada pelos últimos dois anos, quando o clima estava tão quente no início da temporada que não foi possível abrir no Dia de Ação de Graças. Em 2016, eles perderam o prazo por alguns dias. No ano seguinte, o perderam por algumas semanas – na verdade, mal conseguiram abrir para o Natal – e, então, a temporada inteira foi péssima. Estava muito quente. Não nevou. Eles tiveram problemas para manter o terreno aberto, e as visitas dos esquiadores estavam diminuindo. "Foi um ano desafiador", disse-me Jensen. "Não conseguíamos fazer o que deveria ser feito." Heather Young afirmou que havia bloqueado a última Ação de Graças da memória: "É como o parto, você esquece dele para se proteger".

Mas mesmo os fracassos de 2017 foram, sem dúvida, mitigados pela meta de estreia no Dia de Ação de Graças. Jensen não conseguia controlar o clima, mas podia definir prazos e motivar sua equipe a fazer o melhor, independentemente do que acontecesse. Se Telluride estivesse planejando abrir em, digamos, 15 de dezembro daquele ano e eles tivessem adiado a fabricação de neve e todo o resto de acordo com esse planejamento, as encostas estariam nuas no Natal. Esse é o brilhantismo de usar prazos suaves a seu favor: os casos dos piores cenários possíveis se tornam passíveis de sobrevivência, e você está pronto para capitalizar poderosamente em qualquer coisa melhor do que isso.

O truque era tratar o prazo da pré-inauguração com seriedade. Jensen já havia feito o movimento mais importante – manter a abertura antecipada –, mas cabia à equipe aproveitar o efeito prazo nas muitas partes interligadas da montanha. Tudo funcionaria somente se os funcionários de todas as divisões considerassem o Dia de Ação de Graças como a real data-limite da inauguração.

As evidências iniciais eram promissoras: na reunião de gerentes de abertura da temporada em 15 de novembro, o clima era de animação e de determinação. A maioria dos funcionários estava na casa dos 20 ou 30 anos, usava jaquetas fofas com zíper sobre camisas flaneladas. Eles pareciam simultaneamente plenos e rebeldes, como a ovelha negra de uma família mórmon. Quando Jensen subiu ao palco, eles se posicionaram para prestar atenção, e a sala ficou em silêncio.

Jensen está na casa dos 60 anos, com olhos azuis brilhantes, cabelos finos e grisalhos e uma expressão alegre no rosto. Seu discurso para o grupo foi basicamente uma conversa estimulante de quarenta e cinco minutos, com o objetivo de dissipar da memória a temporada de 2017. "O ano passado foi um lapso no nosso radar", ele disse. No Colorado, calcula-se que a falta de neve ocorra uma vez a cada dez anos, então a temporada terrível não foi exatamente sem precedentes. Ainda assim, ele falou: "Espero que os próximos nove anos sejam ótimos".

Eu me perguntei por que Jensen estava demorando tanto ao falar de 2017, mas então percebi que, depois de dois anos perdendo o prazo de Ação de Graças, ele sabia que precisava reafirmar ser possível e que era responsabilidade da equipe fazê-lo. As apostas eram adequadamente altas: o ano anterior acarretou queda de 50% nos lucros. Eles navegaram na crise sem ter de demitir ninguém – na verdade, aumentaram o salário dos funcionários. Mas não poderiam permanecer fazendo isso se continuassem perdendo prazos e esquiadores. Jensen expôs a questão de forma sucinta: "Este ano temos que nos recuperar".

Faltando seis dias para o Dia de Ação de Graças, sentei-me com Jeff Proteau, o vice-presidente de operações e planejamento de montanha, em um escritório cheio de pastas e fichários, resultado de trinta anos negociando o cuidado e a alimentação de um resort de esqui. Estava frio e o céu sem nuvens e, embora o sol estivesse a pino, havia cinco canhões atirando neve para o ar em Misty Maiden, a ampla pista de esqui que termina no coração da cidade.

Proteau estava levando o prazo a sério. Seu plano era abrir dois espaços no primeiro dia: as cadeiras 1 e 4 e as várias pistas que as cercavam, que representavam um pedaço considerável dos 8 quilômetros quadrados de terreno esquiável de Telluride. Era uma área maior do que a maioria dos resorts da Costa Leste. Após o dia da inauguração, os fabricantes de neve começariam a trabalhar no resto da montanha, com o objetivo de abri-la dali a duas semanas – bem antes do Natal.

Proteau é baixo e de estrutura forte, como alguém que passou muito tempo resolvendo problemas que ocasionalmente envolviam mover equipamentos pesados. "Meu trabalho é estar na frente de todos, certificando-me de que tudo o que eles precisam estará lá quando precisarem", ele disse. Alguns anos atrás, Telluride abriu centenas de quilômetros quadrados de terrenos novos na parte superior da montanha, até o topo do Pico de Palmyra, que fica a 4.059 metros. Foi um empreendimento enorme, que exigiu coordenação com os governos local, estadual e federal. "Todos aqueles cadernos que você vê ali foram necessários para analisar e analisar novamente de todos os ângulos que você possa imaginar", ele disse. "Tudo, desde as espécies de borboleta até as avalanches que podem ocorrer aqui. Precisávamos saber de tudo." Os cadernos tinham nomes como AVALANCHE, GEOLOGIA E SOLOS, VEGETAÇÃO/PÂNTANO, USO DO SOLO, HIDROLOGIA e, por último, RECURSOS impressos nas laterais.

Quando Proteau chegou, Telluride era um negócio familiar. "Estava um pouco degradado, para ser honesto com você", confidenciou. Sem máquina para fazer neve, alguns poucos elevadores, completamente à mercê do clima. Tudo isso mudou. Agora eles tinham a capacidade de converter 5 mil galões de água em neve a cada hora se o tempo esfriasse o suficiente.

Não que ele estivesse ignorando a queda natural de neve: eles precisavam disso após construir a base artificial de neve. Para incitar o que a natureza não forneceria, tinham locais de semeadura de nuvens espalhados a oeste de nós. Esses eram canhões controlados remotamente no topo das montanhas que podiam atirar iodeto de prata na atmosfera, incitando as nuvens a deixar o máximo possível de si mesmas ao passarem por San Juans. Essa operação exigiu uma licença de modificação do clima do estado – outro fichário no escritório de Proteau.

Tanto a produção de neve como a propagação de nuvens foram respostas a forças gêmeas no setor: a ascensão do esqui como um negócio multibilionário e o clima volátil provocado pelas mudanças climáticas. O primeiro criou uma base de clientes que esperava consistência e alta qualidade. O último tornava essas mesmas coisas mais difíceis de alcançar. Proteau disse que a alta elevação de Telluride (seu pico mais alto é 600 metros mais alto que o de Vail, por exemplo) a protegeu um pouco do aumento das temperaturas, mas ele ficaria nervoso se tivesse que administrar um resort mais perto do nível do mar. Do jeito que estava, os especialistas em clima previam que a duração da temporada de esqui seria reduzida pela metade em algumas das áreas mais vulneráveis.

Proteau me apresentou ao seu vice, Scott Pittenger, que me levaria em uma motoneve para ver o que eles haviam feito nas semanas em que estiveram "construindo a montanha". Pittenger, bem como Proteau, era um garoto de Indiana que veio para o Colorado e ficou preso, fisgado para o resto da vida depois de uma única temporada de esqui. Ele era alto e esguio, com uma aparência do Meio-Oeste dos Estados Unidos um pouco inflada com toques do faroeste. (A certa altura, ele me disse que estava confiante de que a montanha se abriria a tempo, porque "o nível de estocagem estava alto".)

Nossa primeira parada na motoneve de Pittenger foi em uma área para iniciantes chamada Meadows. O grande desafio era tornar toda a extensão, que no verão funciona como estrada de um campo de golfe, o mais plana possível. Isso significava pegar as prateleiras e inclinações das caixas de golfe e espalhar neve sobre elas. Pittenger nos conduziu por uma fina faixa branca que já havia sido preenchida, mas havia grandes faixas de grama ainda esperando a chegada dos fabricantes de neve.

Da montanha mais baixa, subimos para "a oficina", três prédios com laterais de aço corrugado escondidos na floresta perto do topo da cadeira 4. Essa era a sede para a produção de neve, limpeza e manutenção de veículos. Havia 18 *snowcats*, pequenos veículos aquecidos empoleirados em tanques, que fazem de tudo, desde transportar comida para os restaurantes até mover a neve ao redor da montanha. Passeando por toda parte estavam homens e mulheres em motoneves. Durante a pré-temporada, todas as máquinas foram dedicadas, de uma forma ou de outra, a fazer neve. Pittenger nos levou até um *snowcat* para fazer a escalada até o topo do Pico de Palmyra.

Seguimos por rodovias brancas no topo de colinas marrons. Quanto mais alto subíamos, menos gente víamos: a equipe estava concentrando todos os seus esforços em fazer com que a montanha mais baixa fosse moldada. Assim que começamos uma corrida chamada See Forever, que seguia ao longo de uma linha de cume até o topo do elevador mais alto, a 3.810 metros, estávamos sozinhos.

Tinha caído neve naturalmente ali, e Pittenger zelava em protegê-la. A certa altura, tivemos que cruzar um pedaço de terra vermelha. Quando voltamos para a neve, Pittenger fez o veículo balançar um pouco para a frente e para trás, para limpar os rastros. Nada queima uma camada de neve mais rápido do que pedras e sujeira, ele afirmou. São chamadas de "doenças" na neve por causa da eficácia com que absorvem o calor e derretem tudo ao redor.

Pittenger disse que neve natural quase sempre é bem-vinda, mas no início da temporada era realmente melhor colocar uma camada básica de neve artificial, que era mais densa e derretia mais lentamente. Sob sua direção, as equipes de preparação estavam empurrando o máximo de neve possível nas áreas de alto tráfego – no fundo e no topo dos elevadores, em estradas estreitas que conectavam uma área a outra, ao longo do caminho para a base de operações no meio da montanha. Ele tinha um conhecimento adquirido a duras penas nos últimos dois anos sobre quais tarefas eram vitais para abrir a montanha e quais podiam ficar em modo de espera. Reunião após reunião, vi que Pittenger era brilhante exatamente no que o momento exigia: enviar uma mensagem de urgência para a equipe, mantendo o espírito otimista de "estamos todos juntos no mesmo barco".

A filha de Pittenger nasceu no meio da temporada de esqui há quatro anos, durante uma nevasca, e eles estavam esperando outra criança para o dia 10 de dezembro – bem no momento central da preparação para o Natal pós-inauguração de Telluride. A esposa dele sabia que era melhor não esperar que ele fosse tirar a licença-paternidade durante a temporada de esqui. Até o bebê nascer, ele trabalhava das 6 da manhã até as 6 da tarde todos os dias.

O terreno ficou mais íngreme, com árvores em ângulos agudos em relação ao solo. Vimos encostas onde a patrulha de esqui havia descido a montanha para compactar a neve natural. Uma base de pó intocado pode "apodrecer", tornando-se oca ao sol e ao vento, o que deixa a montanha mais sujeita às avalanches. A patrulha estava meticulosamente transformando esse pó em uma base mais densa, imitando as condições produzidas pelo equipamento de fabricação de neve. O objetivo era "preservar cada floco de neve".

As árvores desapareceram, e o cume parecia encolhido em relação à largura do nosso veículo. Em ambos os lados, a montanha descia bruscamente, e em certas curvas tínhamos que enfiar a lâmina dianteira ou o leme traseiro do *snowcat* por cima do abismo. Foi assustador.

Perto do topo, passamos por placas que diziam FECHADO: EXPLOSIVOS EM USO. Estávamos em um território de controle de avalanche, onde a patrulha de esqui dinamitava as encostas com frequência para evitar acúmulos que poderiam levar a deslizamentos.

Por fim a estrada terminou, e havia apenas as rochas irregulares do Pico de Palmyra acima de nós. Nós escalamos algumas pedras cobertas de neve até não podermos ir mais longe. Abaixo de nossos pés ficavam os pontos mais altos da área de esqui de Telluride. Tudo parecia incrivelmente íngreme e tão vasto que não dava para ser absorvido de uma vez. Essa era a tarefa enfrentada por Pittenger e sua equipe.

De volta à cidade, os instrutores de esqui estavam provando os uniformes novos, os funcionários responsáveis pelos ingressos estavam aprendendo a operar as máquinas de scanner, os funcionários do setor de alimentos memorizavam os novos cardápios, e os operadores de teleférico preenchiam seus primeiros formulários. Nada disso importaria, no entanto, se não houvesse neve suficiente nas encostas. A pequena equipe que fazia toda aquela neve, trabalhando principalmente à noite, era o cerne de tudo que estava acontecendo em Telluride naquela semana. "Agora mesmo", Pittenger me disse, "a máquina de fazer neve é dona da montanha."

Quatro dias antes da inauguração, me juntei a eles para passar um longo dia verificando como tudo funcionava no chão. Eu era um dos 15 funcionários naquele turno de trabalho, das 10h às 22h, momento em que a equipe do turno noturno, de doze horas, assumiria. Comecei a manhã com Brandon Green, diretor de fabricação de neve, que estava no meio da encosta Misty Maiden, pilotando um drone para fazer um registro do trabalho da noite anterior. Havia gigantescas colunas de neve ao nosso redor, cada uma das quais passaria por lixiviação (um processo para extração de resíduos sólidos) por um dia antes de ser espalhada pela equipe de preparação. Este foi todo o processo: os fabricantes de neve fizeram um monte de neve, e os outros funcionários a espalharam repetidamente até que o trajeto estivesse terminado.

O drone foi ideia de Green, após perceber como o equipamento funcionava bem para o negócio de fotografia de casamento de sua esposa. A filmagem que ele capturou seria exibida na reunião de mudança de turno das 11h para mostrar aos seus supervisores de forma mais precisa e visualmente possível onde o equipamento de fabricação de neve estava agora e para onde ele queria que o equipamento se dirigisse.

Todos aqueles com quem conversei em Telluride, desde Jensen até as equipes de alimentos e bebidas, descreveram Green como um gênio. No entanto, no primeiro encontro, ele estava irritado e reservado, além de muito ocupado. Ele continuou pulando de um lado a outro da encosta sem nenhuma explicação, parando ocasionalmente para enrolar um cigarro. Ele era barbudo e de estrutura compacta, com cabelos loiro-avermelhados e rosto queimado pelo vento. Como Pittenger, ele enviou um sinal de urgência para sua equipe, mas por meio de ações, não de palavras.

Vários dos fabricantes de neve que estavam terminando o seu turno pararam na oficina para a reunião de mudança de turno, bebendo cerveja Rainier e parecendo exaustos. Eles eram um grupo mesclado, a maioria na casa dos 20 anos. Green fez uma atualização do clima, ignorando a previsão de queda de neve (alguns centímetros eram esperados no próprio Dia de Ação de Graças) e se concentrando nos dados de temperatura e umidade. Quanto mais frio e seco o ar, mais neve eles poderiam fazer. Green descreveu as condições como "marginais" – significando que não eram frias o suficiente para ligar as máquinas para trabalharem intensamente –, mas eles seriam capazes de produzir novas quantidades de neve todas as noites num futuro próximo.

Antes do final da reunião, Green abriu uma pasta em seu computador com o título "Inverno 2017/2018, o pior de todos". Ali estavam as filmagens de drone feitas no ano anterior, quando mal haviam conseguido fazer neve antes de dezembro: "Uma aula de história", ele disse. Os fabricantes de neve faziam ruídos de desgosto enquanto o drone voava sobre encostas irregulares, com lama vermelha e neve derretida por toda parte. Um cara sugeriu que, em vez de um teleférico, teria sido mais rápido levar um Honda Civic ao topo.

No ano passado, os fabricantes de neve continuaram trabalhando durante o mês de fevereiro, no período mais longo em que Telluride já os havia mantido. Green sempre trabalha mais ou menos sem pausa durante a temporada de neve – "Não acho que conseguiremos fazer Brandon trabalhar cinco dias por semana", disse Pittenger –, mas na temporada passada ele dormiu em seu escritório entre os turnos. Ele construiu um pequeno banco para si com esse propósito. "Quando tudo acabou, eles eram um grupo de pessoas cansadas", Jensen me disse.

Este ano, Green estava trabalhando em um período mais razoável, das 7h à meia-noite, diariamente. A parte mais intensa da ação veio logo após o anoitecer, quando todo o sistema ficou online e os primeiros canhões começaram a espalhar neve. Com apenas alguns dias para abrir, o ritmo estava ainda mais frenético do que o normal.

Green tinha uma motoneve para uma pessoa só, que era mais veloz e a qual ele utilizava com frequência, disparando de uma arma de fabricação de neve para outra, fazendo ajustes em tempo real. Passei a maior parte da noite com a equipe de fabricação de neve, seguindo Pittenger, que ia com cautela, às vezes perdendo Green por períodos inteiros.

A certa altura, bem depois de escurecer, Green teve que voltar à oficina e sugeriu que eu andasse com ele no "estilo canadense", o que significava lado a lado, em pé, cada um segurando um guidão. Green controlou o acelerador e não deixou que as condições desiguais e quase totalmente escuras o atrasassem. Ele ficava gritando coisas para mim acima do rugido do motor, mas meu cérebro não deixava nenhuma informação passar além de "Não. Posso. Soltar. O. Guidão".

Assim que a temperatura caiu abaixo do limite necessário para poder fazer neve – a chamada temperatura de bulbo úmido, um número que mudava dependendo da umidade relativa –, fomos para a casa de bombas para começar a enviar água dos reservatórios para os mais de 60 canhões que estariam pulverizando neve naquela noite. (Telluride possui 180 canhões, mas não há água suficiente para disparar todos de uma vez.) Os fabricantes de neve pensavam em seu trabalho principalmente em termos de água. Green não falou sobre as encostas que ainda precisava percorrer, ele falou sobre o volume: "Já bombeei 40 milhões de galões nesta temporada e preciso bombear mais 80 milhões".

O que deixava Green nervoso eram os limites impostos pelos reservatórios, que demoravam cinco vezes mais para encher do que para esvaziar.

Ele havia entrado no sistema de hidrante da cidade para obter um volume adicional, mas mesmo isso só lhe permitiu usar um ou dois canhões extras. O resultado foi que, mesmo em uma boa temporada, a formação de neve suficiente para que a abertura pudesse ocorrer tendia a ser menor.

Com a água sendo bombeada, partimos para o outro lado da montanha novamente, verificando os canhões um por um, certificando-nos de que estavam apontados na direção certa e acionados. Havia pistolas em leque, que pareciam motores a jato sobre rodas, e lanças para neve, que eram longos tubos de alumínio que borrifavam água bem alto no ar para dar às gotas o máximo de tempo possível para congelar enquanto caíam. Eles foram organizados em pacotes de três, quatro, cinco ou seis, ou espalhados ao longo da encosta. Todos utilizavam o mesmo princípio básico: combinação do ar pressurizado com água para criar uma névoa fina que congela antes de atingir o solo.

Da casa de bombas, dirigimos morro abaixo na Misty Maiden, em uma estrada de neve esculpida entre montes brancos gigantes, cercados em ambos os lados por canhões derramando névoa congelada sobre nós. Foi uma excelente maneira de ficar bem frio muito rápido. Cada canhão tinha uma luz, o que as fazia parecer um desfile de fantasmas aparecendo no escuro. Um dos canhões na parte inferior não estava funcionando, e então Green abriu o seu painel de controle para ver o que havia de errado. Fontes de energia diferentes exigiam fiação diferente, e esse canhão estava com a fiação errada. Green reconfigurou a fiação no local e ligou-o.

Lá em Meadows, as caixas estavam desaparecendo sob o efeito combinado de várias noites de fabricação de neve e dias de trabalho do *snowcat*. Green queria terminar aquela pista naquela noite e, por isso, colocou seis novos canhões em fileira bem no meio da encosta. Eles estavam desligados, e coube a nós ativá-los. Primeiro, ligamos os ventiladores, depois arrumamos as mangueiras de água para alimentá-los e em seguida descemos até os hidrantes. Green me disse para ligá-los um por um. Comecei com um pouco de água, mas logo Green me disse para mudar para "wfo". Ele deve ter percebido que não compreendi, porque logo esclareceu: totalmente aberto ["wide fucking open", em inglês]. O tempo todo, chegavam no rádio ligações de outros membros da equipe de Green, sobre determinado canhão que não estava funcionando ou sobre a pressão que precisava ser calibrada com precisão em um conjunto de canhões, muitas vezes abrindo ou fechando manualmente os hidrantes. À nossa volta, pessoas passavam em motoneves para resolver o próximo problema.

Uma vez que o teleférico de seis lugares estava funcionando, descemos para inspecionar outro canhão ventilado cuja luz de emergência amarela estava piscando – um alarme que mostrava haver algo de errado. Este também estava com a fiação errada, e por isso Green teve que retirar as ferramentas de seus eletricistas novamente. Com aquele canhão funcionando, fomos até outro cujo bico havia congelado. Já havia um fabricante de neve lá com um maçarico, tentando descongelá-lo, mas o estrago já havia sido feito: o canhão espirrava água na encosta abaixo dele, que logo se transformava em uma espessa camada de gelo.

Estava frio, e começava a nevar no escuro. A maior parte do trabalho de consertar essas máquinas exigia considerável destreza, e, entre um conserto e outro, havia a necessidade de enrolar os cigarros, o que significava que Green raramente estava com as luvas. Era difícil acreditar que até agora ele não havia perdido um dedo por causa do frio. Fiquei apenas algumas horas com a equipe antes de ter que partir para me aquecer – eles trabalhariam durante a noite, até as 10 horas da manhã seguinte.

Antes de eu deixar Green e sua equipe, ele disse que tive sorte de ter observado uma noite tranquila: estava quente demais para disparar a maioria dos canhões, e apenas algumas coisas tinham dado errado. Para mim parecia um caos, um hospício congelante e assustador, e o trabalho só ficaria mais intenso nos dias que viriam, à medida que o prazo se aproximava e a montanha permanecia inacabada. De volta ao meu quarto, já aquecido enquanto os outros ainda estava lá fora no frio, eu podia ouvir o rugido dos canhões de neve, como uma máquina de ruído branco.

Dois dias antes do Dia de Ação de Graças, talvez houvesse neve suficiente na montanha, porém estava nos lugares errados. Green e sua equipe haviam ajustado os canhões, mas as trilhas ainda eram compostas mais por sujeira do que por neve. A tarefa de transformar aqueles caminhos em uma montanha esquiável pertencia à equipe de preparação.

A essa altura da temporada, os aparadores, funcionários responsáveis por espalhar a neve, não estavam de fato trabalhando. Estavam apenas empurrando um pouco. O objetivo era cobrir todas as encostas com cerca de 60 a 90 centímetros de neve, e, mesmo faltando apenas um dia para o Dia da Doação, ainda havia muitos lugares que precisavam de cobertura.

Trabalhei no turno da noite com Greg Deines, um fazendeiro da vizinha Montrose que encontrou trabalho no inverno como aparador. (Seu apelido na montanha era Farm.) Estava muito escuro e fazia cerca de -13°C lá fora, mas nossa pequena cabana de luz estava quente o suficiente para eu tirar o casaco. Era mais fácil trabalhar à noite, mesmo durante a temporada regular, disse Deines, não apenas porque não havia esquiadores com os quais se preocupar, mas também porque os faróis do *snowcat* ressaltavam qualquer imperfeição na encosta.

Deines me mostrou sua cópia das instruções do dia: "Apare agressivamente para tornar nosso terreno plano, por favor!" e "TODOS: atenção aos detalhes em todas as partes. Vamos fazer com que essa montanha fique ajustada e PERFEITA!". Obviamente, o chefe dos aparadores havia recebido a mensagem de urgência.

Pouco antes do nascer do sol, houve uma minicrise: um dos operadores novatos teve um vazamento de óleo hidráulico e não percebeu até passar por metade da montanha. Deines tentou ajeitar a situação com o leme, mas ainda era visível: uma longa faixa vermelha na neve, como se alguém tivesse arrastado um cadáver até o topo. Eles teriam que fazer mais neve para cobri-la.

Por volta das 6h30, Pittenger ouviu o rádio: "Bom dia, Greg, como está indo aí?". Pode ter sido minha imaginação, mas parecia que o sotaque de Pittenger havia ficado um pouco mais caipira ao falar com Deines. A certa altura, passamos por um *snowcat* dirigido por um aparador chamado Matt Engler. Pittenger me colocou em um turno diurno com Engler, que era notoriamente considerado o melhor em "empurrar pilhas", ação que exigia uma mão hábil para controlar a lâmina do *snowcat*, forte intuição de profundidade da neve e amplo conhecimento dos locais que precisavam de mais cobertura.

Os montes à nossa frente eram mais altos do que o veículo: a cada passagem, Engler removia uma nova camada até que um rolo gigante de neve se formasse na frente da lâmina. Ele se espatifava ao redor do veículo como ondas batendo em um transatlântico, transbordando da lâmina ou sendo varrido por baixo para ser achatado pelos trilhos e preparado pelo leme.

Engler não tinha muito a dizer sobre por que era considerado um dos melhores aparadores da montanha – Pittenger o chamava de "mestre das lâminas" –, mas aceitava com naturalidade que era verdade. Ele levava seu trabalho a sério e não parecia nem um pouco surpreso que um repórter também o fizesse. Ele me disse que aprendeu um pouco de sua técnica de empurrar assistindo a vídeos de como as avalanches se propagam encosta abaixo.

Os aparadores em Telluride costumavam trabalhar em cada turno como uma equipe, o que tinha o efeito de ocultar o trabalho dos mais fracos. Agora um aparador teve a chance de possuir um declive, e as ações de Engler subiram posteriormente. Ele tinha a astúcia de alta intensidade de alguém que passava toda a sua vida trabalhando sozinho, trancado em uma cabine aquecida de vidro.

"Odeio quando as pessoas se aproximam da minha máquina", ele disse, rindo. O movimento de empurrar neve para a frente e para trás era hipnótico. No início, pensei que ficaria entediado depois de trinta minutos, mas logo senti que poderia ficar enfiado ali para sempre. Acabei desembarcando perto da parte mais baixa. Mais uma vez, pude ir embora antes dos funcionários da montanha, que trabalhavam tão duro quanto sempre, sem finalizar o turno.

No dia anterior ao Dia da Doação, estava claro que o resort seria capaz de abrir na hora, apesar de ser difícil fazer com que Pittenger, Proteau ou qualquer outro funcionário dissesse isso em voz alta, como se apenas reconhecer sua boa sorte acabasse com tudo.

Na manhã seguinte, estava pronto: uma montanha construída dentro do efeito prazo. Um grupo de cerca de cem esquiadores ansiosos aguardava na fila na base da cadeira 4, para para estar entre os primeiros a esquiar na montanha naquela temporada. O primeiro de todos havia chegado lá mais de uma hora antes de os elevadores começarem a funcionar, e eles fizeram uma contagem regressiva conforme os minutos finais passavam. Finalmente, às 10 horas, os operadores de elevador abriram o portão e um estrondo subiu no meio da multidão.

Dei algumas voltas na montanha, praticamente sem esquiar. Estava apenas olhando para as transições, as bordas, onde as cordas foram colocadas, examinando a qualidade da neve. As passagens foram todas cobertas, mas as bordas caíam de maneira abrupta no chão. Definitivamente, parecia uma estação de esqui do início da temporada, mas a multidão não pareceu se importar. Havia uma leve camada de neve em pó no fundo de Misty, o resultado de uma neve fabricada de última hora no início da manhã, que parecia um telegrama enviado de um futuro despreocupado e cheio de neve. Fiquei alguns instantes parado em pé, ao sol, maravilhado em ver a montanha ganhando vida.

Na parte de baixo da cadeira 1, depois de fazer uma pretensiosa inspeção da espessa neve em Meadows, esbarrei em Scott Clements, o chefe da patrulha de esqui, que estava passando a corda ao longo da borda da trilha. Clements me disse que, embora o número de esquiadores seja pequeno no Dia da Doação, a patrulha tratava aquele dia como qualquer outro. "Quando você está aberto, está aberto: tem que ser tudo bem-feito", ele disse. Um sinal de que foi realmente aberto? Esperava-se que a patrulha de esqui fosse necessária imediatamente. A maioria dos ferimentos, ele disse, era resultado de "motivação excessiva": um esquiador correndo para chegar à neve fresca, um praticante de *snowboard* se exibindo. "Alguém vai se machucar nos próximos três dias", ele disse. Ele pareceu quase tomado de gratidão quando eu disse que o deixaria voltar ao trabalho.

Às 11h30, noventa minutos antes do início da temporada de esqui de 2018/19, encontrei Scott Pittenger para um café perto da base da cadeira 4. Ele não ficou surpreso ao ouvir que Clements parecia um pouco mais estressado do que o normal. "É sempre estressante assim que o público chega", explicou. "Tudo muda. Você tem que olhar por cima do ombro, certificar-se de que tudo o que está fazendo esteja nos conformes."

Pittenger concordou que o resort era, literalmente, áspero nas bordas. "Em meio às pistas, tudo parece ótimo", ele disse, "mas quando você começa a olhar para os cantos e fendas e aumenta o zoom nas periferias, você tem uma ideia mais prática do que realmente precisa ser feito. O detalhamento não necessariamente se perde na confusão antes da abertura, mas simplesmente não é o foco principal quando um funcionário entra no *snowcat* e pensa, 'está bem, tenho uma montanha de neve para mover'." Mas ele tinha certeza: "Vai parecer melhor amanhã do que hoje".

Perguntei se ele se arrependia de ter aberto antes que a montanha estivesse, como as notas de preparação diziam, "totalmente ajustada e perfeita". Pittenger me lembrou que eles estavam atendendo a duas multidões ao mesmo tempo: os esquiadores lá na montanha e as pessoas que planejavam as férias do ano. Ele imaginou os monólogos internos do segundo grupo: "Tudo bem, há neve lá fora, então não vamos ficar chutando a sujeira em nossas férias". O resort postaria fotos do dia de inauguração online, enfatizando que, sim, as pessoas estavam realmente esquiando em Telluride. "É definitivamente bom para nós estarmos abertos hoje e amanhã. Depois de perder isso por alguns anos consecutivos, definitivamente sofremos." O rádio tocou de novo, e vi Pittenger olhar impaciente para a montanha. Agradeci e deixei que ele voltasse para a colina para retomar suas rondas.

No final do dia de esqui, a equipe se amontoou em um bar ao lado da encosta chamado Tomboy Tavern, onde Telluride estava oferecendo um happy hour de cerveja grátis. Bill Jensen pediu a todos os gerentes que estivessem ali, e todos apareceram. Scott Pittenger parou por dez segundos antes de ir resolver a próxima crise menor. Jeff Proteau ficou para uma visita um pouco mais longa. Quando a festa acabou, Jensen e eu subimos para seu escritório, logo acima do bar. No caminho, ele pegou um copo abandonado de café e o depositou em uma lata de lixo. Não foi a primeira vez que o vi recolher um pedaço de lixo perdido.

Seu escritório tem o tamanho de um Starbucks de Manhattan, com uma escrivaninha rústica marrom-mostarda e o necessário mapa da montanha na parede. Havia uma janela gigante que dava para a montanha e a base da cadeira 4 e dois grandes monitores de computador em sua mesa, o que me sugeriu que a sala era algo mais do que uma peça de exibição.

Foi ideia de Jensen seguir o cronograma de Ação de Graças depois de perder o prazo em 2016 e 2017. Ele disse que tudo o que ele faz na montanha tem que passar no "teste do supermercado" – é uma cidade tão pequena que ele seria abordado para defender qualquer decisão pessoalmente. Mais de 65% de seus esquiadores são clientes frequentes, e ele se sente em dívida com eles. Além disso, há outros benefícios em cumprir o prazo de Ação de Graças: como esse dia veio muito cedo naquele ano, eles teriam uma semana extra antes do Natal para continuar fazendo neve e uma semana extra para vender os ingressos. "Vamos continuar refinando, e continuar refinando, e continuar refinando", ele disse.

"No fim das contas, de certa forma, é como um show aqui, certo?", ele perguntou. "É um show da Broadway. Todas as manhãs, às 9 horas, a cortina sobe. Os aparadores estão lá fora à noite, transportamos comida para os restaurantes, recolhemos o lixo, os fabricantes de neve estão trabalhando, os operadores de elevadores chegam às 6 horas para garantir que a cortina possa subir na hora certa. Para ter sucesso nisso, você precisa de uma equipe de pessoas apaixonadas pelo que fazem."

Jensen me disse que só tinha mais alguns anos antes de querer se aposentar. Ele comandou Breckenridge, Vail e o conglomerado de múltiplas montanhas Intrawest. Telluride deveria ser seu trabalho final. "Minha principal responsabilidade aqui é construir uma cultura que vai além de mim", ele explicou. Havia algumas evidências de que ele obtinha sucesso nisso: todos os funcionários com quem conversei estavam ansiosos para demonstrar os seus conhecimentos para mim, desde a metáfora de embrulhar o presente de Natal até a ideia dos "2% finais" que leva qualquer esforço de bom a ótimo. (Como exemplo deste último, Jensen apontou que a equipe do Restaurante Gorrono Ranch, que fica abaixo do elevador 4, havia usado as cadeiras Adirondack que ficavam no convés para formar a palavra TELLURIDE. "Eles o fizeram por conta própria, e eu adoro isso.") Mais importante, houve a dedicação inegável de Jensen, Proteau e Pittenger em trabalhar duro para cumprir o prazo inicial.

Ainda assim, o Bill Jensen que pegou um copo de café abandonado não havia desaparecido. Ele admitiu ter visto hoje mais problemas do que esperava: "Por causa do nível de energia de todos, pensei que talvez fôssemos nos sair um pouco melhor, mas está tudo bem". No meio da manhã, Jeff Proteau veio até ele com uma lista de coisas que precisavam ser consertadas. Jensen disse que não precisava ver. "Eu disse 'vou esquiar amanhã porque será melhor'."

Ele tinha planos de esquiar pela manhã, mas, como era o Dia de Ação de Graças, passaria a maior parte do dia com sua família. Estava escuro lá fora quando saímos de seu escritório. Despedimo-nos, depois de uma semana juntos, para o caso de não nos vermos nas encostas. Enquanto eu caminhava pela cidade, podia ouvir os fabricantes de neve em algum lugar, trabalhando.

Desde outubro, eu estava ocupado coletando metáforas sobre o que o Dia de Ação de Graças realmente significava para Telluride, fosse um ensaio geral, um presente em uma caixa ou, como o chefe de venda de ingressos me disse, "um rastejo confiante" que logo se transformaria em uma corrida. Quando o dia da inauguração chegou, foi, por definição, um anticlímax. Telluride havia provado no Dia da Doação que podia receber esquiadores na montanha – o que restou foi apenas o trabalho diário de operar uma organização multimilionária complexa, dependente do clima.

Comecei o dia na reunião matinal dos operadores de elevadores, que vai das 7h30 às 8 horas, quando os funcionários se dispersam pela montanha com uma hora restante para abrir suas respectivas cadeiras. A sede das operações de elevador é uma cabana do tamanho de uma sala de espera de um médico, e é um pouco menos decadente do que você poderia esperar de um lugar destinado a encurralar até 40 operadores de elevador de ressaca às 7h30 (apesar de ainda ser simples). Prova do poder do efeito prazo: ele tirava três dúzias de pessoas em idade universitária da cama antes do nascer do sol.

As pessoas entraram uma a uma, e John Young, o chefe das operações de elevadores, deu-lhes suas atribuições. Ele parabenizou a equipe pelas proezas que fizeram no dia anterior – "Momentos uau, como pegar crianças caindo de cadeiras" – e disse a todos para evitar arrastar sujeira para a neve, um perigo no início da temporada. "As manchas de café podem levar ao derretimento rápido", ele disse, "e a neve é um recurso frágil." Ele também ofereceu uma nova descrição do Dia da Doação, que ele chamou de "nossa abertura difícil / suave, nossa abertura meio, uh, viscosa". Ele estranhou a sua própria metáfora.

Young era cerca de uma década mais velho do que a maioria de seus funcionários e agia como uma espécie de pai substituto para muitos deles. Ele encorajou todos a comparecer ao jantar dos funcionários da escola secundária local. "Este pode ser seu primeiro Dia de Ação de Graças fora de casa", ele disse, e não havia vergonha em sentir falta de sua família.

Ele encerrou a reunião desejando a todos um feliz Dia de Ação de Graças: "Estou grato por estar com todos vocês". Os operadores de elevador formaram pares e foram para as cadeiras designadas, e eu me juntei a eles na montanha. As coisas já pareciam mais arrumadas, mais acabadas.

Engler e Deines ficaram fora a noite toda se arrumando de novo, e a patrulha de esqui colocou mais cordas e placas para desviar os clientes de pontos difíceis no terreno. Além disso, tinha começado a nevar, pela primeira vez desde que cheguei, colocando o que Jensen chamou de uma nova camada de tinta em tudo.

O resort havia inaugurado 7 de seus 12 restaurantes. Durante o almoço no Gorrono Ranch, havia um fogo aceso na lareira e um grupo pequeno, mas de aparência feliz, de hóspedes comendo alimentos básicos do chalé de esqui, como pimenta e hambúrgueres. (Alguns dos restaurantes mais agradáveis na montanha vão muito além disso, com menus de degustação e extensas cartas de vinhos. O resort traz US$ 2,25 milhões em receitas anualmente apenas com as vendas de vinhos.)

Perto da parte inferior da cadeira 1, vi Scott Pittenger, pela primeira vez em esquis em vez da motoneve. Jensen vê um futuro brilhante para Pittenger. Os dois haviam começado as operações, e Jensen acreditava que um CEO que havia trabalhado na colina tornava-se um líder melhor. Se Pittenger acabasse administrando tudo em Telluride, ainda seria anos à frente, no futuro. Nesse ínterim, ele tinha uma montanha para construir. Os elevadores estavam funcionando, mas todos sabiam que o prazo final era o Natal. A notícia de que a montanha foi aberta no Dia de Ação de Graças já havia levado a um aumento de 14% nas vendas de passes de temporada. Uma pessoa do escritório de vendas me disse que os telefones enlouqueceram depois que anunciaram que abririam no horário este ano.

Pittenger e eu embarcamos na cadeira 1 e subimos juntos no elevador. Conversamos sobre aquele incômodo vazamento de óleo hidráulico e a necessidade de acobertá-lo. Perguntei a Pittenger quantos dias ele iria tirar quando o bebê nascesse, e ele disse: "Não muitos". Depois de um tempo, apenas olhamos em silêncio para Meadows e o trabalho manual das últimas três semanas. Não havia dúvida de que, quando a multidão chegasse, eles estariam prontos. Estavam prontos agora.

Dando foco à sua missão:

campanha presidencial de John Delaney

John Delaney queria se candidatar à presidência, o que significava que ele teria que escrever um livro. Nem sempre era o que um aspirante a comandante-chefe fazia – é difícil imaginar Lyndon B. Johnson sentado em frente à máquina de escrever todos os dias –, mas para um democrata concorrendo após o *A audácia da esperança* de Barack Obama, era um requisito. Para contar sua história, talvez para conseguir alguma mídia, mas também porque *era aquilo que os candidatos à presidência faziam*, ele precisava publicar algo.

Delaney foi a primeira pessoa a declarar oficialmente sua candidatura para 2020, no verão de 2017, mais de um ano antes de Bernie Sanders, Elizabeth Warren ou Joe Biden entrarem na corrida. O livro foi lançado logo depois, quando ele encontrou uma editora disposta a publicar algo às pressas. "Escrever aquele livro foi a coisa mais difícil que já fiz", Delaney me confidenciou. Mais difícil do que a própria campanha, que o levou a todos os 99 condados de Iowa ao longo de trinta extenuantes meses.

Ele começou revisando todos os artigos de opinião que já havia escrito, muitos deles publicados enquanto era um congressista que representava o Sexto Distrito Congressional de Maryland, que se estende desde as cidades-dormitório de DC até o extremo oeste do estado. Ele uniu essas colunas em um esboço de 20 páginas para seu livro e o enviou ao editor. Era basicamente uma lista de desejos de todas as políticas que ele já havia defendido no Congresso, argumentando por que o país estaria melhor se essas propostas fossem sancionadas na lei.

Pouco depois, Delaney recebeu um telefonema de seu editor, perguntando se eles poderiam almoçar em DC. No restaurante, o editor foi direto: "Este livro vai ser terrível", disse ele. "Por quê?", Delaney perguntou. "Porque ninguém se preocupa com nada disso." Era muito denso, muito estranho – onde estavam as histórias, as vinhetas de sua infância, qualquer coisa para dar vida a esse papel em branco disfarçado de autobiografia? "É assim que nós faremos", disse seu editor. "Vamos ter alguém para entrevistar você por alguns dias, para saber sobre você e a sua família, sua vida e todas essas coisas. Então, vamos conversar sobre o que virá a seguir."

Após as entrevistas, Delaney teve outra reunião com seu editor, que trazia consigo as transcrições dessas conversas. "Eles literalmente pegaram uma caneta vermelha e contornaram as histórias", disse Delaney. "Eles disseram tipo ok, o seu livro vai ter essa história, essa história, essa história."

Um desses relatos tornou-se o prólogo. Nele, Delaney fala sobre seu avô, Albert, que imigrou para os Estados Unidos ainda adolescente, em 1923. Um acidente de infância o deixou sem o braço esquerdo, e ele foi detido em Ellis Island – imigrantes que não eram considerados pessoas aptas eram frequentemente deportados. Em seu exame físico para determinar se ele estava saudável o suficiente para entrar nos Estados Unidos, Delaney escreveu, Albert "observou apreensivamente enquanto o oficial que decidiria seu destino entrou na sala. Quando o fez, o jovem Albert percebeu algo que o surpreendeu. Ele mal podia acreditar no que via, mas o homem que ouviria o seu caso tinha apenas um braço".

Delaney não apenas deixou de incluir a chegada de seu avô em Ellis Island em seu primeiro rascunho do livro – ele nunca tinha levado essa história a público, mesmo que a organização de sua moral apoiasse perfeitamente as receitas políticas pró-imigrantes de Delaney. Após extrair de Delaney várias narrativas como essa, elas se tornaram a espinha dorsal do livro: para cada proposta de política densa, havia uma foto da sua vida que a sustentava. Em maio de 2018, o candidato publicou *The Right Answer: How We Can Unify Our Divided Nation* [A resposta certa: como podemos unificar nossa nação dividida]. Faltava um ano e meio para que os primeiros eleitores votassem para a indicação democrata.

Até agora, vimos objetivos bem definidos: abrir um restaurante, enviar os lírios para comercialização, colocar neve na montanha. Mas o que acontece quando você se depara com uma tarefa com tamanha complexidade que não sabe por onde começar? Em situações como essa, nossos instintos muitas vezes falham: somos ruins em estabelecer prioridades e acabamos cumprindo objetivos triviais, bagunçando toda a sequência. Felizmente, parafraseando Samuel Johnson, um bom prazo faz com que a mente se concentre maravilhosamente.

Candidatar-se à presidência é um negócio complicado. Para vencer, você tem de ser assertivo em tudo. Mas, antes disso, tem de aprender a se manter na corrida. Quem estiver lendo isto saberá que John Delaney não se tornou presidente em 2020. Ele nem sequer ganhou um único delegado democrata em qualquer convenção partidária ou eleição primária. Mas, embora sua campanha seja agora uma nota de rodapé na história daquela eleição, também é uma lição poderosa sobre como usar um prazo para gerenciar complexidades – manter o foco nas metas mais essenciais e ignorar todo o resto.

Em fevereiro de 2019, o Comitê Nacional Democrata (DNC) divulgou as regras de qualificação para seu primeiro debate presidencial, que ocorreria em junho daquele ano, em Miami. Delaney estava fazendo campanha de olho nas convenções partidárias de Iowa em fevereiro de 2020, mas de repente teve um objetivo muito mais imediato: qualificar-se para o debate. Havia muitos caminhos para a Casa Branca, mas nenhum deles se desviava da etapa na Flórida.

As regras do debate eram novas para essa eleição; eram a resposta do Comitê Nacional Democrata às acusações de que havia feito o jogo pender contra qualquer pessoa que não fosse Hillary Clinton em 2016. Haveria outros debates, e eles começariam mais cedo. Mais campanhas também teriam a chance de se qualificar: para ganhar uma vaga, um candidato precisaria ser a primeira escolha de pelo menos 1% dos entrevistados em três pesquisas separadas ou arrecadar dinheiro de 65 mil doadores separados em 20 estados. Um candidato como Bernie Sanders, que teve amplo apoio da base em 2016, seria aprovado sob os novos critérios. Mas isso criou um obstáculo sem precedentes para candidatos azarões como Delaney.

Quando falei com o gerente de campanha de Delaney, John Davis, ele foi franco sobre o quanto as regras do DNC o pegaram de surpresa: "Começamos o ano com a perguntas: 'Como ganhar em Iowa?', 'Como vencer em New Hampshire?' Em fevereiro, descobrimos as regras e havia um novo desafio que deveria ser vencido primeiro". O que começou como uma maratona transformou-se em uma sprint [uma corrida curta]. Em vez de construir lentamente o reconhecimento do nome, o que mais tarde poderia traduzir-se em apoio, Delaney precisava de pessoas – ou 1% delas, ao menos – para decidir que ele agora era o candidato de primeira escolha.

O que vi quando acompanhei a campanha na primavera de 2019 foi uma organização se refazendo rapidamente. "Tivemos tempo e capacidade de construir uma infraestrutura para nos tornarmos capazes de mudar, focando na garantia de que John fosse levado ao palco do debate", disse Davis. Eles mantiveram em seu plano tudo o que os havia ajudado a cumprir o prazo de debate de junho; todo o resto foi deixado de lado. Uma casualidade precoce: uma excursão de ônibus planejada para levar Delaney a todos os 50 estados. Essa era uma boa ideia para um candidato que esperava ganhar impulso lentamente durante o ano inteiro. Mas, se Delaney quisesse se qualificar nas três pesquisas eleitorais, teria de colocar foco em sua abordagem.

As regras do DNC contavam tanto com pesquisas nacionais como aquelas realizadas nos "primeiros estados": Iowa, New Hampshire, Carolina do Sul e Nevada. Delaney estava em Iowa há mais de um ano, então seria ali que iria concentrar a maior parte de sua atenção. "Nossa maior probabilidade de ganhar nas votações é em Iowa", ele me disse, "porque é onde realmente temos feito campanha." Esse novo prazo pode até ser útil, por trazer urgência extra aos eventos que ele sediou no estado. Delaney ainda visitava New Hampshire ocasionalmente e tentava reservar tempo em programas de entrevista em Nova York e DC, apenas para o caso de conseguir votações extras dessa maneira, mas isso era uma barreira, e não uma estratégia. Então, adeus, excursão de ônibus, adeus, Carolina do Sul e Nevada. Iowa seria o seu passaporte.

O debate cuidaria do restante: seria a primeira vez que as pessoas em todo o país, uma grande massa moldável de eleitores indecisos, prestariam atenção à corrida presidencial. Se Delaney pudesse chamar a atenção, provar que suas políticas eram as mais inteligentes e, ah, sim, ele era o melhor cara para enfrentar Donald Trump, então os apoiadores e as contribuições para a campanha viriam. Primeiro, supere o ponto de estrangulamento do debate; a presidência esperava pacientemente do outro lado.

Em 15 de março de 2019, Delaney estava em Madrid, Iowa, uma cidade de cerca de 2.500 pessoas, 48 quilômetros a noroeste de Des Moines. Como o candidato não tinha o mesmo status de celebridade que, digamos, Joe Biden e Bernie Sanders para atrair a multidão, ele escolheu suas paradas perguntando aos líderes dos comitês locais do Partido Democrata de cada condado se eles estariam dispostos a recebê-lo para um comício, com os participantes sendo retirados da lista de contatos do partido.

Em Madrid, que ao contrário da cidade espanhola é pronunciada com ênfase na primeira sílaba, Delaney estava falando em um centro de idosos local próximo a um Veterans of Foreign Wars (vfw) [organização de militares norte-americanos veteranos de guerra] e algumas lojas fechadas. Eram 15h30 de uma sexta-feira, mas cerca de 40 pessoas compareceram, a maioria idosas, todas brancas. Quando Delaney entrou na sala, houve uma pequena agitação. "Lá vem ele!", alguém disse, e a multidão começou a aplaudir.

Delaney estava usando calça cinza, um blazer azul e mocassins marrons. Ele parecia o juiz de um *kennel club*, talvez de um grupo esportivo. Embora Delaney estivesse em campanha há mais de um ano, essa foi sua primeira visita a Madrid, então ele direcionou o discurso para sua biografia. "Deixe eu me apresentar", começou, antes de dar a versão de dois minutos de sua vida. Delaney nasceu em Nova Jersey, filho de um eletricista. Seu pai era sindicalista, e Delaney atribuiu à Irmandade Internacional dos Trabalhadores Elétricos o fato de lhe dar uma boa educação e colocá-lo no caminho do sucesso. Ele se tornou um empresário, o fundador de duas empresas que forneciam empréstimos para pequenas e médias empresas, "o ceo mais jovem a tocar a campainha da Bolsa de Valores de Nova York". Concorreu ao Congresso em 2012, representou Maryland por três mandatos e depois se aposentou para se dedicar em tempo integral à candidatura à presidência. Já era milionário há muito tempo, embora não tivesse mencionado isso.

O homem que achava que a história de seu avô não valia a pena ser contada estava... um pouco afetado em seu discurso. Alguém obviamente lhe disse para sorrir sempre que possível, o que muitas vezes fazia sua expressão, apesar das bochechas de esquilo e do sorriso dentuço, parecer um pouco aflita e forçada. Ele apresentou um claro contraste com o presidente Trump: muito à vontade para falar sobre detalhes e estatísticas da política, desconfortável para falar sobre si mesmo. Aos 56 anos, também era quase vinte anos mais novo do que Trump, extremamente em forma e quase careca por completo. Este último atributo foi usado como uma rara piada em seu discurso: "Sou muito diferente do atual ocupante da Casa Branca", disse ele, "e não apenas na questão do cabelo". Mas mesmo aquele momento tornou-se imediatamente sério: "Eu prometo", disse ele, "sempre dizer a verdade".

As frases atacando Trump – "o divisor no comando" – tiveram a resposta mais positiva e confiável. A reação foi decididamente mais silenciosa quando Delaney empurrou o cerne de sua mensagem: a promessa de devolver um espírito de compromisso a Washington. Em seus primeiros cem dias, disse ele, impulsionaria apenas a legislação bipartidária: "Eu vou ser o presidente que mostra que podemos realmente *fazer* as coisas de novo. Precisamos de uma coalizão de eleitores para governar", continuou ele. Moderados, independentes, republicanos insatisfeitos. Citou o título de seu livro, que veio de um discurso de John F. Kennedy: "Não busquemos a resposta republicana ou democrata, mas a resposta certa".

Eram falas para serem aplaudidas, mas as pessoas não batiam palmas. Ao menos nessa parada de campanha, os eleitores procuravam alguém para lutar contra os republicanos, e não para colaborar com eles. Mais tarde, perguntei a Delaney se ele percebeu que perdeu a multidão quando começou a falar sobre se comprometer com o Partido Republicano. "Quando entro em uma sala e digo: 'Ouça, fui classificado como o terceiro membro mais bipartidário do Congresso'", disse ele, "acho que muitas pessoas gostam disso. Mas nem todo mundo gosta. Eu posso ver algumas pessoas sorrindo".

Essa mensagem centrada no bipartidarismo tendia a obscurecer até as ideias políticas mais progressistas de Delaney: um programa de saúde governamental universal que estava mais próximo do Medicare for All do que do Obamacare, pré-jardim de infância universal, gastos massivos com infraestrutura, faculdade comunitária gratuita. Nessa corrida, Delaney era um centrista, mas o centro mudou para a esquerda. Sua aposta, de que uma combinação de mensagens moderadas e políticas de esquerda era a melhor opção para o momento, parecia um pouco instável em Madrid, mas havia muitos condados lá fora.

Levou uma hora dirigindo e percorrendo todas as curvas certas para chegar até a próxima parada da campanha, uma lanchonete na biblioteca pública de Churdan. Madrid era pequena, mas Churdan era minúscula: 386 pessoas, segundo o último censo. A rua principal, chamada Sand Street, era uma faixa com um restaurante, uma biblioteca, o corpo de bombeiros e uma corretora de seguros, terminando em um silo.

Para descobrir por que Delaney estava em Madrid e Churdan enquanto candidatos como Beto O'Rourke conversavam com grandes multidões em cidades como Des Moines e Davenport, é útil entender um pouco mais sobre os critérios do debate. O que significa obter 1% em uma pesquisa? Se uma pesquisa com os habitantes de Iowa alcançasse mil pessoas, 400 das quais disseram que provavelmente votariam na bancada democrática, então Delaney precisaria de quatro deles para dizer que o apoiavam. Isso não parecia muito, mas fazer com que isso acontecesse envolvia muito trabalho braçal. Ninguém sabia quem poderia ser eleito, então ele teve que tentar alcançar os eleitores em todo o estado e mantê-los consigo o máximo possível. Os eleitores de Des Moines teriam a chance de conhecer todos os candidatos muitas vezes. Nas cidades menores, John Delaney tinha mais chances de ficar guardado na memória. "Eu disse aos meus filhos que um candidato presidencial estava vindo para Madrid", contou-me um professor de lá, "e eles disseram: Por quê?".

Em Churdan, Delaney caminhou pela biblioteca, passando por prateleiras e mais prateleiras de livros infantis, para chegar a uma sala nos fundos, onde servia sopa para a multidão enquanto respondia perguntas. Havia uma variedade maior de idades ali - alguns pais trouxeram seus filhos, e havia três jovens de 20 e poucos anos -, mas a maioria era de pessoas mais velhas e todas brancas.

O homem que deveria fazer a apresentação de Delaney, Mike Minnehan, não estava lá: ele estava preso em sua fazenda, onde uma de suas vacas estava para dar à luz. Portanto, a tarefa foi para uma mulher loquaz chamada Chris Henning, presidente dos democratas do condado de Greene. Henning disse que era apropriado que Delaney estivesse ali para servir sopa, "porque você está querendo ser eleito para servir a todos nós". Quando Henning apontou que ele tinha estado em Iowa 25 vezes e visitado todos os 99 condados, as pessoas acenaram com a cabeça em aprovação.

Delaney começou seu discurso de praxe, desta vez falando sobre sua herança irlandesa e como foi comovente ver as decorações do Dia de São

Patrício na biblioteca. Estava entrando na linha sobre Trump ser o divisor de águas quando Mike Minnehan surgiu. Esse é Mike, alguém disse a Delaney. "Olá, Mike. Como foi?", Delaney perguntou. "Tenho um novo bezerro!", Mike contou. A sala explodiu em aplausos.

Após o discurso, Chris Henning leiloou uma cópia de *Born to Run* [Nascido para correr] que havia sido autografada por Delaney. Bruce Springsteen, explicou Henning, era o músico favorito do candidato. Era difícil imaginar a pessoa que era (1) um fã de Springsteen, (2) não possuía *Born to Run*, (3) queria o álbum em formato de CD e (4) queria que fosse assinado por Delaney. Mas acabou saindo por 50 dólares para um dos organizadores do evento. Delaney tirou uma pequena lição política disso, sobre como Bruce sempre defende o garotinho que está lutando.

Delaney abriu espaço para perguntas, e uma das primeiras foi direto ao cerne da questão: "Você já esteve em Iowa 25 vezes. O que podemos fazer para aumentar o seu perfil e garantir que você se destaque nacionalmente?". Era uma questão que surgia muito quando eu estava com Delaney: Por que as pessoas não sabem quem você é? A resposta, e esperança, era que, ao conhecer pessoas suficientes em cidades como Churdan, ele seria empurrado para o cenário nacional, quase literalmente.

Nesse ponto, ele foi qualificado em uma votação, a CNN/Des Moines Register de 9 de março, na qual 1% dos entrevistados o escolheram como seu candidato favorito. Foi um bom começo e pareceu provar o sucesso da nova estratégia de Delaney. Fique com Iowa, especialmente porque grande parte das primeiras pesquisas ocorreria lá de qualquer maneira, e os benefícios seriam duplos: ele estabeleceria as bases para a eventual convenção partidária e se qualificaria para o debate. Mas ainda precisava de mais duas pesquisas para seguir na direção correta.

O resto das perguntas era uma mistura idiossincrática de questões e queixas: ele foi questionado sobre cheques escolares (contra), desmantelamento do complexo militar-industrial ("deveríamos ter um debate sobre isso") e um salário mínimo de 15 dólares (a favor, mas gradualmente). Ele era bom em discordar do público sem parecer desagradável. Uma mulher de 60 anos anunciou que não iria votar em ninguém mais velho do que ela: "Como um candidato como você pode dizer educadamente: 'Você é apenas um velho idiota! Vá para casa! Brinque com os seus netos!'". Delaney recusou-se a tentar falar contra Biden, Sanders ou Warren.

O candidato encerrou dizendo: "Obrigado a todos por me tolerarem". A multidão começou a aplaudir, mas ele os interrompeu para acrescentar: "Esqueci de dizer: adoraria ter o apoio de vocês".

A estratégia de Delaney dependia de sua capacidade de focar efetivamente sua campanha nas estreitas metas que o DNC havia estabelecido. Ele não estava sozinho: cumprir um prazo de forma eficaz muitas vezes envolve exatamente esse tipo de redução de obrigações para que o trabalho seja feito. No entanto, para fazer isso, é necessário resistir aos nossos instintos falhos de priorização.

Pouco antes de ir para Iowa, conversei com Meng Zhu, professora associada de marketing da Universidade Johns Hopkins. Zhu e dois colegas publicaram um artigo chamado "The Mere Urgency Effect" [Mero efeito de urgência], que descreveu uma forma proeminente como as pessoas tendem a estragar suas prioridades. Em um experimento, Zhu pediu que os alunos realizassem uma tarefa simples: escrever cinco pequenas análises de produtos. No grupo de controle, eles podiam escolher entre duas recompensas diferentes por seu trabalho – três ou cinco chocolates Hershey's Kisses. Outro grupo teria a mesma escolha, mas Zhu impôs um senso de urgência à recompensa menor. Para receber três Hershey's Kisses, eles teriam que terminar o experimento em dez minutos. Para conseguirem cinco, teriam vinte e quatro horas completas.

Quase todo o grupo de controle escolheu a recompensa maior. Mas, quando o prêmio menor foi anexado a um prazo de dez minutos, mais de 30% dos alunos decidiram se contentar com três Hershey's Kisses. Este foi o mero efeito de urgência: "As pessoas se comportam como se a realização de tarefas urgentes tivesse seu próprio apelo, além de suas consequências objetivas", escreveu Zhu.

Parece haver uma inclinação natural para prestar mais atenção ao tempo do que aos resultados, mesmo quando esse comportamento pode nos prejudicar. Podemos, por exemplo, adiar nosso check-up anual para ir a uma promoção anual por tempo limitado em uma loja, embora a importância do primeiro supere, e muito, a segunda. Atribuímos o que o economista George Akerlof chama de "saliência indevida" à promoção, apenas porque ela está prestes a terminar.

Zhu encontrou evidências de que lembrar as pessoas das recompensas finais – o que ela chamou de "relevância do resultado" – antes de fazerem sua escolha diminuía o mero efeito de urgência. Em outras palavras, temos que ser forçados a ignorar coisas urgentes, mas sem importância, para definir nossas prioridades. Para Delaney, isso significaria manter o objetivo final em mente o tempo todo: ganhar essas três pesquisas de intenção de voto. Todas as outras atividades, por mais urgentes que parecessem, deveriam ser adiadas.

Felizmente, o próprio prazo do DNC ajudou a empurrá-lo nessa direção. Você pode ver o impacto do prazo olhando a programação de Delaney antes e depois de 14 de fevereiro, quando as regras do DNC foram anunciadas. Em janeiro, ele fez visitas de campanha a Michigan e Illinois, dois estados sem nenhuma votação ativa na época. No início de fevereiro, foi para a Carolina do Norte. E então, durante todo o mês de março, e também abril e maio, ele foi para Iowa, New Hampshire, Iowa, New Hampshire. Esse foi o sinal de uma campanha tomando decisões com base na relevância dos resultados.

John Davis descreveu a mudança em sua estratégia como um "pivô", e a linguagem do mundo da tecnologia não foi por acaso. Embora seja um clichê se referir a uma organização com a expressão "como uma startup", é sem dúvida verdade para uma empresa como a de Delaney. Campanhas de Juggernaut (em uma corrida diferente) como a de Jeb Bush tiveram problemas para se ajustar aos fatos no local. Pequenas operações como a de Delaney poderiam aceitar as novas regras de debate do DNC à medida que surgissem e mudar sua abordagem de acordo.

Lembrei-me de uma conversa que tive com Travis Montaque, o fundador de uma startup chamada Holler, especializada em mensagens visuais. (Responda a um texto no seu iPhone, e um adesivo ou GIF criado pela Holler pode aparecer na sua lista de respostas possíveis.) "O superpoder de uma startup é a velocidade", ele me disse, e isso incluía a capacidade de adaptação.

A própria Holler começou como um aplicativo de notícias e construiu uma base de usuários pequena, mas fiel. Mas, quando Montaque viu que a empresa não crescia rápido o suficiente – e eles tinham apenas cinquenta dias de financiamento restantes –, ele sabia que tinha que mudar radicalmente o que estavam fazendo. "Não podemos desperdiçar um dólar, um centavo", disse ele, "temos que resolver esse problema." Montaque anunciou à sua equipe que eles iriam mudar de um aplicativo de notícias para um aplicativo de mensagens, com efeito imediato. Os usuários do aplicativo existente seriam cortados. "Ter um cronograma tão apertado", disse ele, "faz com que você foque o que realmente importa e permite que você tome decisões realmente difíceis, como entender que aqueles usuários não importam para o que precisamos hoje." A empresa agora tem parcerias com HBO, Ikea e Venmo e está crescendo rapidamente.

Em 16 de março, Delaney fez um discurso em Fort Dodge, Iowa, para marcar a abertura de um novo escritório de campanha ali, em uma loja estreita no centro quase abandonado da cidade. Era seu sexto escritório no estado. Cerca de 35 pessoas se reuniam lá dentro. Uma mulher na multidão disse a outra, em aprovação: "Gosto do que ele diz, e ele esteve em todos os condados de Iowa". Ela também observou que esse era o primeiro escritório de campanha que ela viu em Fort Dodge.

Delaney contou a história de sua família em Ellis Island, que ganhou um "Uau" da multidão. Foi o melhor discurso que eu o ouvi fazer. Ele alertou contra os Estados Unidos "se tornando um país de direitos de nascença", em vez de um país de valores compartilhados. "Um senso de propósito comum é o coração desta nação."

Ele falou sobre como a nação se uniu durante a corrida espacial. Tudo começou com uma espécie de ataque: o lançamento do *Sputnik*. ("Lembram-se do *Sputnik*?", ele perguntou, o que provocou risos). Doze anos depois, ao nos unirmos em uma única missão, colocamos um homem na Lua. Só mais tarde percebi que, nessa metáfora, o *Sputnik* – a coisa assustadora lançada pelos russos que tuitava constantemente para nós – era Trump.

A primeira pergunta foi novamente acerca da obscuridade de Delaney. "Gosto da sua mensagem", disse um homem, "mas o que vai fazer para entrar para A Lista?". Era possível sentir as letras maiúsculas na entonação de sua voz. "Eu vi A Lista, e você não estava nela." Resposta de Delaney: "Vou fazer com que a minha entrada seja merecida aqui".

Delaney falou sobre a importância de Iowa na escolha do próximo presidente. "Você faz as suas perguntas e descobre o que está em nossa cabeça. Mas o mais importante é o que está em nosso coração." O povo de Iowa parecia levar a sério suas obrigações de "primeiro na nação". Eles compareceram em uma reunião como aquela em uma manhã de sábado. Fizeram perguntas idiossincráticas sobre todos os problemas que você possa imaginar. E estavam dispostos a cogitar a possibilidade de basicamente qualquer um se tornar presidente, fosse um líder ou um congressista desconhecido de Maryland.

A abertura de um escritório de campanha assemelhava-se a todas as outras paradas que Delaney fez nessa viagem a Iowa: um discurso, algumas perguntas, e então ele ia para o próximo local. A esperança, porém, era que a presença de uma vitrine com placas de Delaney, panfletos e talvez um funcionário da campanha dentro fosse suficiente para manter o candidato na mente de pelo menos alguns residentes de Fort Dodge.

Vamos para a próxima parada! Esses eventos se tornam repetitivos, portanto vou me concentrar em uma troca reveladora com um membro da multidão. Delaney estava na sala dos fundos de um tumultuado restaurante estilo bufê em Mason City, Iowa. Tinha acabado de falar para cerca de 40 pessoas, e uma das primeiras perguntas foi de um homem chamado Mark Suby, que era velho, branco, careca e pesado. Se ele aparecesse na CNN rotulado como um apoiador do Trump, você diria: sim.

Sua pergunta - na verdade, era mais um comentário - pareceu surpreender Delaney. "Você não pode trabalhar com os republicanos", ele começou. Em vez disso, precisávamos "purgar" o governo do Partido Republicano. (Delaney estremeceu.) A melhor coisa que aconteceu ultimamente foram todas as "novas mulheres do Congresso" eleitas em 2018, uma aparente referência a congressistas progressistas como Alexandria Ocasio-Cortez e Rashida Tlaib. O que não precisamos, disse Suby, é outro democrata corporativo concorrendo à presidência.

Era isto: a fratura fundamental nas primárias democráticas de 2020. Havia aqueles, como Delaney, que pensavam que os democratas precisavam de uma versão melhor de Hillary Clinton para vencer, e havia os que, como Suby, pensavam ser necessária uma ruptura radical com o passado, fosse Bernie Sanders ou Elizabeth Warren ou alguém totalmente novo.

A resposta de Delaney foi medida, embora fosse possível perceber que a força de Suby o deixara tenso. "Os Estados Unidos são uma nação centrista", disse ele, e "todas as grandes coisas que fizemos como país foram bipartidárias." A Previdência Social e o Medicare, disse ele, eram bipartidários.

Suby não queria nada disso. Era o momento certo para o socialismo, disse ele, já que o capitalismo havia falhado muito com o povo. "Se você pretende ser um democrata corporativo", disse ele, "não acho que terá sucesso. Acho que as pessoas estão cansadas disso." "Não sou um democrata corporativo", disse Delaney. "Eu *acredito* no livre mercado..."

"Bem, eu acredito no socialismo, e as pessoas ricas também. Veja o que Jeff Bezos faria com seus impostos. Eles amam o socialismo. Por que não podemos ter um pedaço disso?"

Delaney parecia ansioso para seguir adiante, mas um homem que estava perto da porta, grande e com uma barba grisalha, vestindo uma camisa havaiana azul e branca, começou a responder a Suby. Era Randy Black, presidente do Iowa Democratic Wing Ding, um dos maiores arrecadadores de fundos para o partido democrata de Iowa e um dos principais eventos de campanha do verão. O importante é unir o partido, disse ele, e deixar todo o debate capitalismo *versus* socialismo para depois. Suby disse que Ocasio-Cortez teve a atitude certa: lute com tudo que você tem.

Delaney conseguiu, por fim, passar para a pergunta seguinte, mas a multidão havia ficado inquieta após a discussão. Alguém disse que derrotar Trump era "crucial", e toda a sala parecia gritar "Oh, meu Deus" em concordância.

Conversei com Suby após o evento, e ele me disse que passara onze anos como superintendente de parques em Mason City. "Eu era um eleitor de Hillary Clinton da última vez", disse ele, mas agora estava menos inclinado a buscar um acordo. Os americanos eram escravos das corporações, argumentou. Precisávamos aumentar o salário mínimo agora, e qualquer abordagem incremental era uma besteira. Ele estava apoiando Bernie, que já vinha nessa luta há quarenta anos. Sua esposa tentava afastá-lo dessa ideia, mas não sem afeto.

Perguntei se ele viu algo de que gostou em Delaney. "Bem", começou Suby, "esta é a terceira vez dele em Mason City." Ele gostava do fato de ele fazer trabalho duro. Se Delaney fosse indicado, disse Suby, ele votaria nele, sendo ou não um fantoche corporativo.

O encontro com Suby pareceu pesar na mente de Delaney pelo resto do dia. Ele disse que soube imediatamente que estava em apuros:

"Há momentos em que é possível ver a visão política da pessoa pelo modo como ela formula a pergunta". Perguntei se ele havia conhecido muitas pessoas em Iowa que falavam como Suby. Sim, ele falou, e aqueles que usam a palavra *socialismo* tendem a ser as vozes mais altas na sala: "Eu apoio a energia e apoio a emoção, mas não apoio isso como o caminho a seguir".

No evento final da campanha naquele dia, uma das primeiras linhas do discurso de Delaney foi sobre como ele era um capitalista orgulhoso. "O socialismo em sua forma pura é a resposta errada", disse ele. Isso foi em uma reunião de doadores na casa de Kurt e Paula Meyer, que eram considerados fazedores de reis democratas no norte de Iowa. Qualquer candidato que quisesse ser levado a sério, um dos funcionários de Delaney me disse, tinha que passar uma noite acordado na floresta perto da fronteira de Minnesota.

No extremo norte, a neve havia sobrevivido até mesmo às chuvas da semana, e os campos estavam brancos por toda parte. Era plano, vazio e despovoado, o tipo de lugar onde você meio que espera encontrar alguém enterrando dinheiro freneticamente em um monte de neve.

Os Meyer convidaram cerca de 20 pessoas para sua casa para conhecer Delaney, a maioria delas relativamente bem de vida em comparação com aquelas que haviam comparecido aos eventos na biblioteca pública ou no restaurante bufê. Deveria ter sido um espaço seguro para democratas pró-mercado como Delaney, mas mesmo ali era visível a divisão entre as alas moderada e progressista do partido. Um homem disse que não queria que o partido nomeasse um "aliado republicano" só porque tinha medo de Donald Trump. Outro perguntou a Delaney sobre sua promessa de restaurar o bipartidarismo em Washington: "Obama tentou. O que você pode fazer melhor?". Delaney disse que atravessar o corredor era a coisa certa a fazer.

Naquela noite, depois que o último dos doadores saiu (Delaney juntou um punhado de cheques), Delaney abriu uma cerveja e se acomodou no sofá dos Meyer. Ele dormiria ali, o que aparentemente também era um rito de passagem democrata. Lá fora, um funcionário que voltava para Des Moines ficou preso na lama, e Delaney teve de ir resgatá-lo. Ele dirigiu sua caminhonete, uma picape Dodge marrom com o que poderia ser chamado de interior do Cadillac, até o outro carro, colocou um pedaço de papelão entre os para-choques e empurrou. Na manhã seguinte, a campanha publicou orgulhosamente o caso nas redes sociais. Mais um lembrete, antes que o pesquisador ligasse, que Delaney estava em campo em Iowa, trabalhando duro.

No Dia de São Patrício, encontrei Delaney para almoçar no Dave's Restaurant em Charles City, Iowa. O candidato estava indo para o canto nordeste do estado, para Decorah, onde seria o próprio anfitrião de seu evento final antes de voar de volta a Maryland por alguns dias. O restaurante estava cheio, e a fila para o bufê era longa. Enquanto esperávamos, dois clientes diferentes aproximaram-se de Delaney e agradeceram a mensagem que ele estava levando para Iowa.

Encontramos uma mesa perto do bufê e nos sentamos. Delaney estava vestindo camisa e suéter verdes em homenagem ao feriado e parecia um pouco irritado por estar falando comigo, mas determinado a fazer isso.

Questionei se entrar naquele primeiro palco de debate fora decisivo para ele. Delaney disse que não havia pensado nisso exatamente como um sucesso ou fracasso, mas "acho que é incrivelmente importante". Ele estava confiante de que poderia chegar lá, disse, exatamente por causa do que eu estava testemunhando: naquele momento, ele tinha a melhor base em Iowa, quando comparado a outros candidatos.

Perguntei se ele havia ficado surpreso com o que as pessoas estavam perguntando. "Não", disse ele. "As perguntas relacionam-se ao que os democratas estão falando", e isso incluía o socialismo. Além disso, o plano de saúde foi outro assunto que surgiu com frequência, disse ele, porque Iowa estava arruinando o seu programa Medicaid.

No discurso, Delaney não se desculpou por seu centrismo, mas admitiu para mim que gostaria de receber mais crédito por alguns de seus posicionamentos progressistas. Ele disse que estava frustrado porque a ala esquerda do partido iria olhar para propostas como a dele e chamá--las de "velho incrementalismo cansado". Ele colocou um saleiro em uma extremidade da mesa e disse: "Digamos que este seja um objetivo político ousado, como o atendimento universal de saúde, que eu compartilho com a esquerda. O que importa se eu quero definir algumas metas ao longo do caminho" - ele pegou o telefone de um funcionário, colocou-o no meio e colocou seu telefone alguns centímetros adiante – "se chegarmos ao mesmo tempo no mesmo ponto-final?".

Perguntei: "E se estivermos em um momento em que os eleitores queiram aquela voz ousada em vez de uma incrementalista?".

"Então eu não vou vencer", admitiu disse. "Eu não sou a voz mais alta na sala."

Todos os candidatos presidenciais têm de fingir que vão ganhar, não importa quais sejam seus números nas pesquisas, por isso foi chocante ouvi-lo dizer de modo tão direto que talvez não ganhasse. Meses depois, quando a pandemia do coronavírus paralisou a nação, Delaney lamentou que a política americana parecia recompensar qualidades que ele não possuía. "Talvez saiamos desta crise em busca de algo diferente em nossos líderes políticos", escreveu ele no Twitter. "Competência em vez de exibicionismo. Olhar para o futuro em vez de viver no momento. Nos orientarmos por dados em vez de pontos de vista. Prudência em vez de complacência."

A viagem de Charles City a Decorah durava mais uma hora em estradas retilíneas. Eu havia perguntado anteriormente se ele e sua equipe conversavam sobre política enquanto dirigiam pelo estado. "Nããão", disse ele. Eles ouviam música; era o motorista quem escolhia. Quando ele dirigia, era Springsteen ou *country*.

Em Decorah, pela primeira vez, Delaney não era o único entretenimento. Foi um evento de arrecadação de fundos no Dia de São Patrício para os democratas do condado de Winneshiek, em um espaço de eventos no centro da cidade. Havia música ao vivo e muita comida, cerveja e vinho. Foi também a maior multidão que eu tinha visto até então, cerca de 75 pessoas. Eles eram barulhentos e felizes. Era um domingo.

Decorah tinha um grande e imponente tribunal, uma biblioteca de pedra, uma cooperativa de alimentos e o que parecia ser uma próspera rua principal (Water Street). Essa foi uma parte de Iowa que mudou sua cadeira no Congresso para o azul [de democrata] na eleição de 2018, embora os republicanos a tenham conquistado em 2020. Antes de Delaney subir ao palco, a multidão cantou "When Irish Eyes Are Smiling" com notável intensidade e clareza. Todos estavam tão unidos e fervorosos em seu canto que era de derreter o coração. "Isso é para você", disse a mulher que liderava a cantoria para Delaney.

A música colocou Delaney em um passo mais contemplativo do que o normal. "Há uma beleza fundamental nesta nação", disse ele, que nenhum político poderia minar. Lembrei-me de algo que John Davis disse sobre a estratégia de enviar Delaney a todos os 99 condados. "Você não pode fingir a sua aparição", disse ele. "Sair e conhecer pessoas em suas casas, em suas lanchonetes, em seus locais de trabalho."

Quando Delaney foi embora naquele dia, e eu não consegui encontrar ninguém que dissesse que ele era definitivamente sua primeira opção, pensei em outra coisa que Davis me disse: "Em Iowa, eles querem chutar os pneus de todo mundo, e não apenas uma vez, mas tipo quatro vezes".

Pouco mais de duas semanas depois, Delaney estava em Nova York para falar sobre a organização sem fins lucrativos National Action Network (NAN) [Rede de ação nacional] de Al Sharpton, um raro desvio de sua estratégia de Iowa. A campanha foi surpreendida ao obter sua segunda pesquisa de qualificação, não em Iowa, mas em uma pesquisa nacional conduzida pela Fox News. Isso significava que ele só precisava de mais um para entrar no palco do debate e, embora Iowa ainda fosse sua melhor aposta, aparecer em qualquer lugar que lhe oferecesse a chance de se destacar em noticiários nacionais, mesmo que apenas por dois minutos na Fox Business News, valia a pena. "Quando você não tem um nome reconhecido", Delaney me disse, "você vai em qualquer coisa."

A conferência NAN de quatro dias atraiu todos os principais candidatos à presidência, e também a maioria dos menores. Joe Biden ainda não havia entrado na corrida, mas Bernie Sanders estava lá, junto com Elizabeth Warren, Pete Buttigieg, Amy Klobuchar e cerca de uma dúzia de outros. O público era quase todo negro, ativistas de filiais da NAN em todo o país, amontoado em um salão de baile do Sheraton Hotel em Midtown Manhattan. Era a mais diferente das multidões de uma pequena cidade de Iowa que eu via. Todos os dias, Sharpton iniciava o processo gritando "Sem justiça!". E a multidão respondia "Sem paz!". (Ou "Conheça a justiça!" "Conheça a paz!") "O que nós queremos?" "Justiça!" "Quando nós queremos isso?" "Agora!"

O primeiro candidato a falar no encontro foi Beto O'Rourke, que acabara de entrar na disputa e estava atraindo centenas de pessoas em Iowa. A campanha de 2020 viu alguns democratas diferentes aproveitarem os holofotes da mídia, e este parecia ser o momento de Beto. A introdução de Sharpton tocou na fama de Beto. "Um jovem emergiu como uma estrela do rock, e eu desconfio das estrelas do rock", disse ele. Mas Sharpton deu crédito a Beto por falar a favor do jogador de futebol americano e ativista Colin Kaepernick e se ajoelhar. "Eu nunca tinha visto um grande candidato a presidente que fosse branco falar sobre privilégios brancos", disse Sharpton, e então "não é por acaso que ele é o primeiro dos candidatos presidenciais a vir e falar conosco."

Mais tarde, perguntei a Delaney se ele gostaria de receber a mesma atenção que Beto. Ele disse que estava satisfeito em deixar os recém-chegados terem seus quinze minutos de fama: "Muhammad Ali teve uma famosa luta de boxe com George Foreman, na qual ele usou uma técnica chamada *rope-a-dope*. Ele resistiu na luta por tempo suficiente para vencer no final. Essa é a minha estratégia". Delaney também não questionou sua decisão de entrar na corrida tão cedo. Se tivesse esperado, poderia não ter construído uma organização forte em Iowa. "Eu acho que se eu estivesse entrando agora", disse ele, "considerando meu perfil baixo, eu realmente não teria chance."

Beto subiu ao palco cheio de energia, e a sala parecia carregada com a sua presença. Mas a trajetória foi oposta àquela que vi com Delaney em Iowa. Lá, quanto mais Delaney falava, mais a multidão se envolvia – mesmo que fosse apenas para entrar em um debate sobre socialismo. Aqui, cada fala de Beto deixava a multidão um pouco mais silenciosa. Após o discurso, ele se escondeu em um armário de vassouras enquanto os repórteres cercavam a saída, tentando gritar uma pergunta para ele.

O discurso de Delaney foi notavelmente diferente daquele de Iowa. Era mais religioso – ele falou sobre Sharpton conhecer São Pedro no céu e entrar imediatamente. (Ele também chamou Sharpton de "uma figura singular", o que parecia um pouco como um leve elogio.) Então o discurso de praxe entrou em ação por alguns instantes: a criação em ambiente sindical, seu trabalho no setor privado.

Comparado a Beto, Delaney foi humilde ao se dirigir a esse público. "Não entendo totalmente os seus problemas", disse ele. "Nunca conseguirei compreender totalmente o que significa ser negro nos Estados Unidos da América. E certamente não pretendo entender o que significa ser negro na era de Trump." Isso recebeu um grito de agradecimento de alguns na plateia.

Depois do discurso, Sharpton retomou o mesmo tópico que ouvi em Iowa: com tantos candidatos na disputa, ele perguntou: "Como você se diferenciará?".

Delaney disse que ele era um solucionador de problemas. Ele poderia arregaçar as mangas e fazer as coisas. Por ser assim, era a melhor pessoa para vencer Trump. O público passou de apático para educadamente atencioso, o que era o melhor que Delaney poderia esperar.

Ele conversou com um pequeno grupo de jornalistas depois, talvez um quinto do tamanho do de Beto. Ele foi questionado por que não havia adotado o Medicare for All e se esquivou de uma pergunta sobre Edward Snowden. O repórter da Fox News indagou: "Você vai conseguir permanecer moderado nesta corrida?". No dia seguinte, Bernie Sanders e Elizabeth Warren falariam, e a resposta da multidão faria os gritos mais altos de Beto parecer um murmúrio. Mas, por enquanto, Delaney tinha a atenção dos repórteres e, com a resposta certa, a possibilidade de fazer uma transmissão em horário nobre. Havia tempo para mais uma pergunta – na verdade, era mais um comentário – de um repórter logo no início: "A maioria dos americanos não sabe quem você é", disse ele.

Delaney respondeu: "Na maior parte da minha vida, as pessoas me subestimaram".

Em 11 de abril, a Universidade Monmouth divulgou os resultados de sua última pesquisa em Iowa. As 25 viagens, os 99 condados, os incontáveis refeitórios, arrecadações de fundos e comícios, todos valeram a pena. Delaney teve sua última votação de qualificação: ele estaria no palco de debates em Miami. Quando o vi algumas semanas depois, em seu escritório nos subúrbios de DC, ele estava mais feliz do que eu já havia visto.

Havia adotado uma estratégia destinada a conduzi-lo até a convenção política de Iowa e a reconfigurou rápida e implacavelmente. Ao fazer tudo o que era necessário para chegar ao debate, Delaney deu a si mesmo a única chance de conseguir a indicação democrata. Ele me disse que já estava planejando suas duas primeiras sessões de preparação para o debate. Tinha dois objetivos: apresentar-se e fazer contraste com os outros candidatos. Eu perguntei se ele precisava entregar uma frase de efeito única e memorável naquela noite. "Acho que você precisa", disse ele.

Delaney expôs toda a sua visão em Churdan, logo após o DNC anunciar suas novas regras: "Minha estratégia é continuar a campanha realmente forte aqui em Iowa. O campo vai ficar muito grande, haverá um novo candidato chegando a cada semana. O entusiasmo da mídia segue quem quer que seja o novo candidato. Mas isso vai se acalmar, e haverá alguns debates em junho e julho, e acho que em agosto e setembro as pessoas vão começar a fazer pesquisas, depois que estiverem todos informados. Haverá algumas surpresas nessas pesquisas, e pretendo ser uma delas".

Delaney, é claro, não foi uma surpresa para setembro. No debate, fez tudo o que tinha que fazer: lutou com os pioneiros, chegou às manchetes, estabeleceu sua identidade na corrida. No segundo debate, para o qual Delaney se qualificou automaticamente, os moderadores o trataram, em vez de Joe Biden, como o centrista: eles o chamariam sempre que quisessem que alguém refutasse as posições dos candidatos de esquerda, como Sanders e Warren. Foi Warren, no entanto, quem deu a frase de efeito mais memorável da noite, dirigindo-se a Delaney: "Não entendo por que alguém se dá ao trabalho de concorrer à presidência dos Estados Unidos apenas para falar sobre o que nós não podemos fazer e pelo que não devemos lutar".

Foi injusto, talvez, mas foi eficaz. Para o terceiro debate, os candidatos precisavam atingir os novos limites de votação e arrecadação de fundos: 2% nas pesquisas e 130 mil doadores. Delaney não conseguiu nenhum dos dois. Estava tentando usar a técnica *rope-a-dope*, mas Warren acertou um soco de nocaute. Delaney permaneceu na disputa por mais cinco meses após o debate de setembro. Ele desistiu pouco antes da convenção partidária de Iowa, a fim de liberar todos os eleitores leais a ele para votar em Biden.

A convenção foi um desastre, com uma total falha no planejamento eficaz para um prazo, mas essa história terá que ficar para outro livro.

Revisar, revisar, revisar:

Scaled Robotics e Public Theater

Em uma parte de Berlim chamada Alt-Treptow, há um armazém de tijolos coberto de grafite, na margem do rio Spree. O bairro, que fica na antiga Berlim Oriental, ainda dá a sensação sonolenta de um remanso, embora esteja a uma curta caminhada de duas das partes mais badaladas da cidade, lugares onde o inglês é falado tão frequentemente quanto o alemão, por uma variedade de artistas, escritores e influenciadores internacionais, todos em busca de um lugar com aluguel barato e opções veganas para se esconder do impulso prevalecente da economia global. A parte calma atrás do armazém não vai durar: há torres de luxo erguendo-se ao redor, e, ainda que a pandemia do coronavírus tenha desacelerado a construção, ela não parou.

O próprio armazém é uma evidência das mudanças que Berlim viu no século passado. Foi construído em 1927 como uma estação de ônibus; abrigou um arsenal durante a Segunda Guerra Mundial e, após o fim dela, um campo de refugiados; o Muro de Berlim corria a poucas dezenas de metros de seu flanco ocidental. Agora, com o piso de concreto polido e as claraboias reformadas, o prédio foi renomeado para Arena Berlin. Ele serve como palco para exposições de arte, desfiles de moda e conferências de tecnologia – desde que o evento seja grande o suficiente para garantir quase 6.500 metros quadrados de espaço.

Em uma tarde de terça-feira, em dezembro de 2019, bati em uma das portas de aço gigantes do prédio até que um guarda a abriu. Ele me olhou com ceticismo. "TechCrunch?", eu perguntei, e ele relutantemente abriu um pouco mais a porta. Lá dentro, pude ver mesas e cadeiras empilhadas em preparação para o início de uma conferência no dia seguinte. Milhares de engenheiros, investidores e empreendedores – o combustível humano para o boom tecnológico de décadas – estariam ocupados fazendo networking em um prédio onde antes descansavam 240 ônibus alemães. TechCrunch era o nome da publicação que organizou todo o show, oficialmente chamado de TechCrunch Disrupt Berlin.

Passei pela Startup Alley, uma fileira de mesas altas com faixas de vinil entre elas anunciando vários nomes improváveis de empresas: Joopzy, Joyn, Spurt, Wamo. A corrida do ouro das startups, ao que parecia, ainda era capaz de atrair jovens engenheiros ambiciosos e pretensos magnatas a devotar suas vidas a sussurrar promessas aos ouvidos de investidores profissionais. A lógica não mudou: a ideia certa, moldada na forma de um plano de negócios, poderia torná-lo rico e mudar o mundo, embora não necessariamente nessa ordem.

Um canto do armazém tinha cortinas pretas que iam até as vigas. Esse era o palco principal, onde se desenrolaria o drama central da conferência. Chamava-se Startup Battlefield: uma competição que colocava os fundadores de 14 empresas incipientes uns contra os outros na tentativa de conquistar um painel de investidores. Cada empresa teria seis minutos para se apresentar e explicar por que estava prestes a mudar o mundo (e ganhar muito dinheiro), seguidos de seis minutos de perguntas dos jurados. Numa segunda rodada, o processo era repetido, com o tempo sendo diminuído para apenas cinco minutos e com o período de perguntas de nove minutos. Depois disso, um campeão seria coroado e presenteado com um enorme cheque de US$ 50 mil. Para algumas startups, até mesmo aparecer no palco da Battlefield era suficiente para fazer com que sua empresa evoluísse de uma apresentação de PowerPoint para um empreendimento viável.

A equipe do TechCrunch estava fazendo a passagem de som, testando os microfones e as telas de vídeo de cada lado do palco, em frente a cerca de mil poltronas vazias. Naquele momento, um robô veio rolando pelo corredor. Era amarelo como um caminhão Tonka, com rodas pretas enormes e um aglomerado de câmeras em miniatura montadas em sua cabine. Seguindo-o de perto, atrás do robô, estavam dois pares de rapazes. O primeiro parecia pouco mais que adolescente e olhava para o robô com uma espécie de admiração inflada. O segundo par era mais velho, com 30 e poucos anos, e um deles segurava o que parecia ser um controle de videogame na mão, que estava usando para controlar o robô.

Quem estava com o controle era Stuart Maggs, CEO da Scaled Robotics, e o homem ao lado dele era Bharath Sankaran, seu cofundador e CTO. Os adolescentes (na verdade, ambos tinham 22 anos) eram fundadores de uma empresa diferente, chamada Wotch, que não vinha com um pedaço de hardware legal: era uma plataforma de vídeo que deveria competir com o YouTube, oferecendo melhores negócios para "criadores de conteúdo" de pequena escala. Os dois pares estariam frente a frente no dia seguinte durante a Startup Battlefield.

O robô deu uma volta rápida na parte de trás do auditório e então parou. "Quer tentar?", Maggs perguntou a um dos caras da Wotch, que sorriu. Ele agarrou o controle e deu alguns zigue-zagues com o pequeno carrinho robótico, fazendo-o andar e parar e com mil perguntas a respeito de seu funcionamento para Sankaran e Maggs. Sankaran respondeu às perguntas dos caras do Wotch pacientemente enquanto o robô deslizava: era um "dispositivo de captura de realidade" que poderia criar um mapa tridimensional de qualquer sala em que estivesse enquanto as câmeras registravam fotos do mesmo espaço. Ele foi projetado para ser implantado em canteiros de obras, onde poderia detectar rapidamente erros de engenharia. Sankaran estava prestes a fazer seu discurso completo – se você tem uma oportunidade de apresentar sua proposta, por que não usá-la? – quando uma mulher de quase 30 anos, vestida com uma jaqueta e um gorro de lã com um pompom no topo, entrou na sala. Todos os quatro fundadores calaram a boca instantaneamente e olharam para ela com expectativa.

Era Neesha Tambe, que comandava a Startup Battlefield para o TechCrunch. Catorze empreendedores estreantes diante do maior público que qualquer um deles havia visto, apresentando sua visão a investidores que poderiam mudar suas vidas: era uma receita para o suor do fracasso e o colapso no palco. Tambe estava lá para garantir que o primeiro estivesse bem escondido e o último não acontecesse. Ela selecionou suas inscrições em um grupo de mais de 300, os orientou durante horas de sessões de treinamento e ofereceu feedback detalhado sobre como deveriam estruturar suas apresentações. Ela também era, disse ela, "uma terapeuta não oficial".

Tambe foi até a frente do palco. "Companhias, subam!", gritou ela, e de toda a sala o resto das equipes participantes da competição se materializou. Embora os organizadores da conferência, e Tambe em particular, tenham se dedicado a diversificar o grupo de participantes, todos, exceto três das cerca de 20 pessoas selecionadas para Berlim, eram do sexo masculino, e a idade média parecia ser em torno de 28 anos. Eles compartilhavam o visual simples de jeans e capuz típico do Vale do Silício, com pequenos ajustes que refletiam o sabor europeu da competição – e da maioria dos concorrentes: calças mais justas, calçados mais exóticos.

Os fundadores trataram Tambe com uma obediência descomplicada que se assemelhava ao relacionamento entre um conselheiro de campo e seus pupilos. Sua atitude em relação a eles, que era simultaneamente otimista, protetora e exasperada, combinava com essa dinâmica. "Vamos praticar nossas habilidades geoespaciais e formar um círculo", disse ela ao grupo antes de fazer a chamada. Scaled Robotics? Aqui. Hawa Dawa? Aqui. Nyxo, Nodle, Stable, Gmelius, Inovat? Aqui, aqui, aqui, aqui, aqui. Wotch? Os adolescentes sorriram. Sim, aqui.

"Ok, pessoal, é um grande palco", disse Tambe. "Está na hora." Ela explicou o que eles deveriam fazer naquele dia: fariam o início e o final de suas apresentações, apenas para se sentirem confortáveis com o palco, o fone de ouvido estilo TED Talk e para ter certeza de que suas várias apresentações de slides e demos funcionariam corretamente. "Você não precisa fazer toda a apresentação", disse ela, "apenas teste as transições." Ela passou por alguns bloqueios básicos, que envolviam principalmente dizer às equipes para se dirigirem às câmeras na parte de trás: a audiência online seria uma ordem de magnitude maior do que a da sala. Durante a sessão de perguntas e respostas com os juízes, Tambe disse, vire-se e olhe para os juízes.

No momento em que as startups realmente chegassem à sala na manhã seguinte, já teriam feito as suas apresentações dezenas de vezes. Ran Ma, a fundadora de uma startup de assistência médica chamada Siren Care, que venceu a Battlefield 2017 em Las Vegas, me disse que passou centenas de horas aperfeiçoando seu argumento de venda com Tambe e os outros editores do TechCrunch. O estresse da preparação para aqueles doze minutos no palco, disse ela, "foi a melhor e a pior experiência da minha vida. Acho que perdi uma década da minha expectativa de vida". Quando Ma voltou de Las Vegas para casa, tinha mais de US$ 1 milhão angariado de investidores. "É um campo de treinamento brutal, mas vai catapultar sua empresa para o cenário mundial. Você tem que ser casca--grossa, ser persistente e melhorar a cada passo."

A revisão com base no feedback, de fato, foi o cerne do processo – o que os acadêmicos que estudam gestão chamam de "atualização eficaz". Como parte de suas aplicações, os fundadores enviavam uma demonstração do produto em vídeo, que havia sido desenvolvida em uma apresentação completa e aprimorada constantemente em reuniões com Tambe nos dois meses anteriores. Cada reunião terminava com uma discussão para avaliar os pontos fortes e fracos da apresentação, que é comumente chamada no mercado de *pitch*. Os acadêmicos também têm um nome para isso: criação de sentido. A atualização eficaz depende da criação de sentido. Se você não sabe o que está fazendo de errado, não pode consertar. Essa abordagem estava de acordo com um truque de prazos que eu conhecia em meu trabalho como editor: faça um primeiro rascunho e você terá o luxo de deixá-lo melhor, pouco a pouco.

A atualização efetiva também era a lógica do teatro, que é uma máquina construída sobre ensaios e pré-visualizações. E os concorrentes no TechCrunch estavam, em essência, encenando. Essa conexão ficou ainda mais clara quando Tambe levou todos para os bastidores, mostrando aos fundadores onde fariam a maquiagem. Falar em público causa muito suor, disse ela, mas um pouco de pó pode consertar isso. Atrás dela, meia dúzia de funcionários do TechCrunch se apressavam em arrumar as coisas. Uma equipe separada ajustava os níveis em uma enorme placa de áudio e verificava as imagens das câmeras em uma série de monitores. Os fundadores absorveram tudo com espanto e nervosismo. Antes de começarem a praticar seus *pitches* no palco, Tambe fez com que todos girassem em volta dela novamente: "Ponha a mão no meio. 'Battlefield' em três, ok? Um, dois, três!". Duas dezenas de vozes gritaram "Battlefield!" para o armazém vazio.

Sankaran e Maggs tinham um jeito indiferente um tanto calculado, que fazia com que se destacassem da agitação nervosa dos outros competidores. Quando nos encontramos após a passagem de som, eles deram uma dica sobre a fonte de seu jeito descolado: haviam feito uma versão da apresentação ao vivo para o público mais de 200 vezes. Sankaran, que falava no palco enquanto Maggs trabalhava na demonstração do software, comparou-o a uma rotina de *stand-up*. Maggs concordou: "Foi tudo moldado por literalmente três anos de ajustes após ver como o público reagia. Ajustávamos constantemente, tentando algo novo".

A empresa começou em 2014, depois que um amigo em comum apresentou os dois fundadores: Sankaran trabalhava em um laboratório de robótica na Universidade do Sul da Califórnia; Maggs tinha acabado de terminar um programa de pós-graduação em arquitetura em Barcelona. Ambos estavam insatisfeitos, de maneiras diferentes, com suas carreiras. "Passei uma década fazendo todos os tipos de projetos de robótica aleatórios", disse Sankaran. "Estou pensando em mim mesmo: 'trabalhei em muitas coisas legais, mas isso importa?'." Maggs havia chegado à mesma conclusão sobre arquitetura. Ele achava o lado artístico da disciplina fascinante, mas, em última análise, frívolo.

O negócio da construção forneceu palco para suas ambições duplas: exercer influência em uma indústria e resolver um problema que parecia devidamente urgente. Eles se concentraram no desperdício. Até 20% do custo de um grande projeto de construção pode ser consumido por erros e "retrabalho". (Embora, graças à falácia do planejamento, poucos desenvolvedores tenham se responsabilizado por esses excessos antes do tempo.) Em todo o mundo, 23% de todas as emissões de carbono vieram da construção. Ajude os construtores a concluir projetos com mais eficiência e você economizará muito dinheiro e, sim, mudará o mundo.

Sankaran interessava-se por inteligência artificial desde a escola primária. Ele cresceu em Muscat, Omã, e todos os dias voltava da escola para assistir *Jornada nas estrelas*. "Eu queria ser o Spock", ele disse. "Algo sobre Spock, sobre lógica e ser prático sobre as coisas, foi muito marcante para mim." Ele disse que ainda sonhava com a exploração espacial, mas decidiu que todos os grandes problemas da Terra precisavam ser consertados primeiro.

Omã era um lugar plácido e quase incomensuravelmente enfadonho para um adolescente. Sankaran creditou a seu pai, que foi a primeira pessoa em sua aldeia em Tamil Nadu a obter um diploma universitário, o conhecimento de quanta necessidade ainda havia no mundo. "Eu ganhei uma bolsa de estudos", disse Sankaran, "e ele me dizia para ir para a Índia aprender como ser esperto nas ruas. Eu nunca entendi o que era até ir para a Índia."

Maggs desde jovem tinha olhos para a arquitetura, mas quase não conseguiu entrar no campo de sua escolha. Na escola secundária no norte de Londres, sua orientadora pediu-lhe que escrevesse o que queria fazer da vida. Maggs, que é disléxico, escreveu "arquitetura", porém incorretamente. "A mulher olhou para mim e disse: 'Em primeiro lugar, você soletrou errado, então isso não é um bom sinal. E em segundo lugar, talvez a universidade não seja para todos. Talvez você devesse tentar a construção com tijolos'."

Ele se arrepiou com a lembrança. Depois de se formar, conseguiu um emprego em uma empresa na Holanda, mas se recusou a ver como muitas das decisões tomadas eram pouco científicas. Certa vez, quando perguntou a um membro sênior da empresa como havia escolhido o tamanho das janelas de um edifício, a resposta foi simplesmente: "Experiência". O arquiteto, disse Maggs, "não sabia se o que ele estava dizendo era realmente verdade, ou o resultado mais eficiente, ou a melhor solução. Foi então que eu disse: 'Ok, tem que haver uma maneira melhor', e me demiti".

Em Sankaran, ele encontrou alguém tão orientado pelos dados quanto ele, embora tivessem levado anos falando ao telefone antes de começarem a trabalhar juntos. Essas primeiras conversas foram especulativas e de baixo risco, disse Sankaran. "Stuart estava falando sobre ineficiências na construção e como a robótica e a inteligência artificial podem ajudar. Foi uma conversa muito acadêmica. Não se tratava de uma empresa ou um negócio." Nesse meio-tempo, Sankaran permaneceu na Califórnia; Maggs ficou em Barcelona. Finalmente, em 2014, concordaram em conhecer, em Paris, uma bela cidade para o romance dos fundadores. Pouco depois, Sankaran mudou-se para Barcelona, eles contrataram seus primeiros funcionários e nasceu a Scaled Robotics.

Eles agora tinham sete pessoas em seu escritório em Barcelona, uma mistura de roboticistas, engenheiros e matemáticos – Maggs era o único formado em arquitetura. O nome Scaled Robotics, disse-me Sankaran, é um pouco enganador. Eles não são realmente uma empresa de robótica, e sim de software. O produto que estão vendendo é o mapa tridimensional detalhado que geram do canteiro de obras e os dados que o acompanham: uma lista de cada parede, coluna e viga que pode ser instantaneamente classificada por tamanho, localização e material. Quaisquer desvios do projeto são destacados e podem ser filtrados por urgência, desde um duto instalado alguns milímetros fora de sua localização planejada até uma viga que esteja fatalmente comprometida.

"Todo mundo fica obcecado pelo robô", disse Maggs, "mas você apenas tem que vê-lo como um dispositivo de captura de dados. O robô é fetichizado, mas podemos capturar dados de outras maneiras."

Sankaran concordou: "No momento em que você fica pasmo com alguma tecnologia, ela não está servindo ao seu propósito. Queremos que isso se torne como uma chave de fenda ou uma chave-inglesa. É apenas um martelo sofisticado".

Por que, então, trazer o robô para a apresentação?, eu perguntei. Bem, eles admitiram, os organizadores do TechCrunch haviam solicitado.

A Scaled Robotics não estava na conferência para atrair investidores. Eles já tinham um acordo de exclusividade com três empresas: Peri, uma companhia alemã de andaimes e formas de concreto, e dois fundos de capital de risco voltados para a construção. Juntos, eles deram à startup € 3 milhões. Sankaran e Maggs precisariam de mais dinheiro no futuro, mas por enquanto a Battlefield era útil principalmente porque muitos de seus colegas telespectadores de *Jornada das estrelas* obcecados por dados estariam assistindo, o que tornaria a contratação de engenheiros e especialistas em inteligência artificial mais fácil no futuro.

A falta de uma crise de liquidez na Scaled Robotics acabou ajudando-os. As outras equipes tinham uma espécie de brilho de pânico, a inquietação reveladora de alguém que precisa desesperadamente de dinheiro. Sankaran e Maggs beneficiaram-se por levar a competição a sério, mas não como uma questão de vida ou morte. "Não queremos seis minutos para definir quatro anos de trabalho", disse Sankaran, e essa atitude se traduziu em confiança e carisma no palco. Ao tirarem a pressão de seu desempenho, eles fizeram com que ele melhorasse. Dependendo do que aconteceria na Battlefield, entretanto, Sankaran poderia não realizar seu desejo sobre aqueles seis minutos definindo sua empresa. Se perdessem, sim, tudo continuaria como antes. Mas, se ganhassem, isso mudaria a Scaled Robotics para sempre.

Por enquanto, eles estavam posicionados bem perto de algo maior. O objetivo de uma startup é necessariamente crescer – para "escalar", como o mundo da tecnologia o chama, um jargão refletido no nome da própria empresa –, e Sankaran e Maggs estavam fazendo tudo que podiam para que isso acontecesse: participação em conferências de negócios, encontro com investidores, captação de novos clientes. O TechCrunch fazia parte dessa mesma estratégia. Mesmo enquanto competiam, no entanto, tinham ciência do que estavam prestes a abandonar.

Sete pessoas é íntimo o suficiente para que o clichê comercial padrão de "nós somos uma família", que Sankaran e Maggs repetiam, também pudesse se aproximar da verdade. Sankaran me contou que, quando seu pai morreu no ano anterior, ele teve de deixar o negócio e ir para a Índia por semanas: "Fui para o funeral dele, e não havia nenhum plano. Eu estava indo embora. Minha equipe ficou lá, Stuart, todo mundo – eles apenas me cobriram".

Maggs contou uma conversa que teve com um membro de sua equipe certa noite, enquanto caminhava ligeiramente bêbado de um bar em Barcelona, voltando para casa. O funcionário disse que gostava de trabalhar todos os dias e estava preocupado com o fato de que, à medida que a Scaled Robotics crescia, isso não aconteceria mais. Maggs disse que se sentia da mesma forma: "Não quero que as coisas mudem. Este é um dos melhores momentos da minha vida. Com o dinheiro entrando, e isso pode ser positivo, mas também pode não ser. Espero que seja positivo e tenho o poder de tentar fazer com que seja assim, mas entendo totalmente o ponto de vista dele de querer as coisas felizes que temos".

Nesse ponto, Maggs e Sankaran pareciam sentir que haviam ido longe demais ao tentar diminuir as próprias ambições. "Eu sei que estamos fazendo parecer que não nos importamos com esta competição", disse Maggs, "mas nos importamos."

A primeira rodada da Startup Battlefield ocorreu em um dia cinzento e de garoa, com temperatura de 4 graus. Quando cheguei à Arena Berlin, havia uma fila saindo pela porta, e a cada poucos segundos, um táxi ou um Uber chegava para deixar outro grupo de investidores ricos, que corriam para a fila VIP. Os engenheiros, que em sua maioria chegavam de trem e ônibus, esperavam na chuva.

No palco principal, a diretora da Station F, uma incubadora de startups de Paris, falava sobre o "ecossistema de tecnologia francês", que estava crescendo. Havia mais de mil empresas em seu campus. Acontece que em Paris, ela disse, "você vê a Torre Eiffel, você vê o Louvre e você vê a Station F". O público absorveu placidamente essa afirmação duvidosa.

Metade dos assentos no palco principal estava vazia, mas na porta ao lado, no palco Extra Crunch, a sala estava tão cheia que as pessoas mal conseguiam entrar. O assunto: "O que é necessário para criar uma série A?". Isto era típico da conferência: startups eram legais, mas o dinheiro era ainda mais legal. Battlefield se anunciava falando sobre o número de concorrentes que obtiveram investimentos ou financiamentos de série A de investidores após sair do palco (um total de US$ 8,9 bilhões arrecadados) e o número de "saídas" – quando uma empresa é adquirida por outra maior ou vai a público – que foram produzidas (113, até agora).

Algumas pessoas pareciam concordar com a atitude cada vez mais insurrecional em relação à tecnologia no mundo mais amplo, em que uma empresa como o Facebook tinha mais probabilidade de ser mencionada com desdém do que com admiração. Um sócio de uma empresa de capital de risco com sede em Londres enfatizou para o público que as empresas que eles apoiam devem ter impactos positivos "ou pelo menos não ter impactos negativos" para o mundo. Em alguns aspectos, isso não foi nenhuma mudança. Facebook, Google, Uber – todos prometeram tornar o mundo um lugar melhor. Mas no TechCrunch a ênfase mudou: mostre-nos o problema que você está resolvendo. Em muitos aspectos, quanto menor, melhor.

Os concorrentes na competição daquele ano refletiram essa mudança. Em vez de reconstruirem a sociedade, as empresas prometiam coisas como uma melhor noite de sono, mais crianças aprendendo a programar e um rastreamento mais preciso da qualidade do ar. A Scaled Robotics queria reduzir o desperdício, com certeza, mas dentro de uma única indústria nada atraente, e 20% de cada vez.

À medida que os minutos passavam para o início da competição, os assentos na frente do palco principal começaram a ser preenchidos. Ned Desmond, coo do TechCrunch, me disse que, como grande parte do público veio à conferência especificamente para ver a Battlefield, eles levaram muito a sério o processo de seleção para a competição. Também se certificaram de que todos os concorrentes assinassem o processo de criação de sentido e atualização antes do prazo final. "Por que arranjamos empresas realmente boas?", Desmond perguntou. "Porque o treinamento para este evento é excelente."

Tambe fez pelo menos três sessões de treinamento com cada empresa no mês anterior à conferência e, em seguida, trabalhou intensamente com elas durante a própria competição para ajudá-las no ajuste fino. Sankaran achou que todo o processo foi revelador. "Você fica preso em um campo", disse ele, e toda a vida se esvai. Tambe disse que era "uma perspectiva externa que acendia uma lâmpada e fazia com que você ficasse tipo 'Puta merda'".

Ela colocou alguns ensinamentos na cabeça de todos: simplifique as coisas, concentre-se no quadro geral, certifique-se de inserir alguns detalhes humanitários de sua vida pessoal. Mas o conselho poderia também ficar bastante granuloso, da ordem dos slides até a entonação de falas individuais. As sessões de treinamento eram como os jantares de simulação no Fulton ou as reuniões diárias de fabricação de neve em Telluride: momentos para parar, testar e melhorar.

No início da primeira rodada da competição, um redator da equipe do TechCrunch chamado Anthony Ha saltou para o palco. Ele tinha uma energia maluca que de alguma forma também carregava um tom irônico, como se estivesse brincando com o fato de que seu entusiasmo era um pouco exagerado. Ha falou sobre a dificuldade de chegar a esse estágio, em que apenas 5% dos candidatos foram convidados para a competição. "Eles vão ficar incrivelmente nervosos", Ha disse. "Seria realmente incrível se todas as empresas deixassem o palco sentindo que vocês as amam."

Ha então convidou os juízes a se juntarem a ele. O capital estava bem representado: três sócios vc [de capital de risco], alguém da Goldman Sachs e a diretora da Station F, de volta, desta vez na frente de uma multidão muito maior. Eles votariam no final da rodada para decidir quem avançaria para as finais.

O primeiro concorrente foi a Hawa Dawa, uma empresa com sede em Munique que prometeu melhor rastreamento da qualidade do ar. Foi também uma das poucas startups com uma fundadora mulher, chamada Cassi Welling, fazendo a apresentação. A empresa definitivamente preenche o requisito "*net positive*"; vende seus serviços para empresas de transporte que procuram reduzir o impacto das emissões de gases. Welling passou seus slides com fluidez. O público viu apenas a apresentação de slides, mas, no monitor voltado para o palco, Welling podia ver um relógio de contagem regressiva verde no canto, começando a partir dos seis minutos. Ela pousou em zero bem a tempo, mas o período de perguntas foi um pouco mais confuso. Um dos juízes perguntou sobre a receita, e Welling admitiu que a empresa estava ganhando algo na casa dos "seis dígitos". Os pobres painelistas pareceram ficar desanimados com a notícia e usaram o resto das perguntas para tentar descobrir como a Hawa Dawa poderia ganhar mais dinheiro. Talvez as companhias de navegação pudessem pagar mais! Welling sugeriu alguns acordos com empresas maiores em desenvolvimento, o que pareceu levantar o ânimo de todos.

Uma startup finlandesa chamada Nyxo foi a próxima, e definiu um padrão válido para quase todas as outras empresas: seu slide de abertura deve estabelecer o tamanho do mercado que você estava perturbando, de preferência nos termos mais grandiosos possíveis. Nyxo era um aplicativo para dormir, então eles falaram sobre os € 400 bilhões perdidos todos os anos devido ao sono ruim. Uma startup chamada Stable estava no mundo agrícola e, por isso, abriu sua apresentação mencionando o tamanho total do mercado agrícola – assim como a Scaled Robotics e a indústria de construção de US$ 17 trilhões. Você faz capas da Hello Kitty para iPhone? Ótimo, comece com o comércio global de eletrônicos no ano passado ou com a receita combinada de todas as partes da indústria do entretenimento.

Anthony Ha estava certo ao dizer que a maioria dos fundadores ficaria nervosa. Havia uma ferramenta de conferência virtual chamada Teooh que permitia aos usuários navegar em um espaço semelhante a um videogame enquanto realizavam uma reunião. A interface parecia desajeitada para mim, mas a equipe recebeu notas altas dos juízes por inventar algo que pudesse reduzir as emissões de carbono, salvando todos aqueles voos aéreos, e isso foi meses antes de o coronavírus fazer com que as reuniões virtuais se tornassem uma necessidade para as pessoas ao redor do mundo. (A empresa teve um evento de lançamento em 18 de março de 2020, durante a primeira onda da pandemia: "Mesmo que você esteja isolado, não precisa ficar sozinho agora. Cerque-se de amigos, família e entes queridos ao redor do mundo".)

Meia hora antes da apresentação, a Scaled Robotics estava nos bastidores se preparando com Neesha Tambe. Sankaran caminhava perto da cadeira de maquiagem em um blazer e uma calça jeans, e Maggs, vestindo uma camiseta preta da Scaled Robotics, jeans preto e tênis rosa brilhante, olha nervosamente para os painéis de controle. Eu perguntei se eles se sentiam prontos e Sankaran acenou com a cabeça, mas não levantou os olhos.

Perto dali, encontrei um cara corpulento e de bochechas rosadas em uma jaqueta de tweed e de jeans. Era Richard Counsell, fundador da Stable, que estava escalado para subir ao palco imediatamente antes da Scaled Robotics. Não pedi que ele ensaiasse seu *pitch* para mim, mas quase imediatamente ele começou: a Stable oferecia seguros sobre o preço de milhares de commodities não cobertas pelos mercados de commodities tradicionais – coisas como manga, avelã e leite cru. Seus clientes imaginários eram proprietários de pequenos negócios (o exemplo que deu foi alguém que dirigia uma barraca de *smoothies*) e fazendeiros. Ele também incorporou a dica de Tambe sobre incluir um toque pessoal. Counsell era um ex-corretor de câmbio que estudou economia e matemática na Universidade de Manchester, mas se apresentou a mim como fazendeiro. Sua família, disse ele, cria gado no sul da Inglaterra há gerações.

Seu entusiasmo pelo assunto parecia inalterado pela repetição. Com referências à indústria agrícola de US$ 4,8 trilhões e aos agricultores poloneses lutando para sobreviver, ele dizia que aquela era a forma mais eficiente de "salvar o mundo e ganhar quantias enormes de dinheiro enquanto o fazemos" que eu veria durante toda aquela semana. A Stable já estava instalada e funcionando havia quatro anos. Tinha US$ 6 milhões no banco, parcerias com as universidades de Harvard, Liverpool e Sydney e uma equipe de 25 pessoas em sua sede em Londres. Em suma, Counsell era o maior peixe da competição.

Perguntei a ele como o processo de preparação para a Battlefield, de longe a apresentação mais pública que ele já fez e com o maior e mais rico público, era diferente das apresentações que fizera antes para investidores. Ele reconheceu que Tambe o encorajou a falar mais sobre as pessoas que sua empresa ajudaria, em vez de gastar muito tempo explicando como, digamos, os mercados de derivativos funcionam. "Ela sabe o que quer", disse Counsell, empurrando todos para a "clareza total de pensamento". Ele cortou uma parte de sua apresentação porque Tambe disse que foi "literalmente o slide mais chato que eu já vi".

E, lá estava a própria Tambe, pronta para levar Counsell aos bastidores do palco. "Esta parte é estressante", disse ele. "Seu cérebro está fervendo." Eles caminharam até um local perto da entrada esquerda do palco, e Tambe começou o que ela chamou de seu ritual pré-show. Iniciou com um exercício de respiração, dizendo a Counsell para fechar os olhos e limpar a mente. Counsell obedeceu, e os dois respiraram longa e profundamente, deixando o ar sair devagar. Tambe o lembrou de pensar no quadro geral, que a Stable ajudaria muitas pessoas, para que ele não se prendesse aos detalhes. Ela o mandou para o palco.

Tambe muda seu discurso motivacional de acordo com o fundador. Alguns precisavam principalmente se acalmar, outros deviam ser estimulados um pouco. Ela tentou lembrar a todos quais eram suas maiores qualidades.

Quando Counsell começou sua apresentação, Sankaran e Maggs estavam sendo equipados com microfones de *headset*. Sankaran ensaiou algumas de suas falas, gesticulando em direção a um público imaginário (ou uma câmera imaginária no fundo da sala). Antes de continuarem, Tambe fez com eles os mesmos exercícios que havia feito com Counsell. Ela os fez inspirar e expirar, lentamente. Pediu que fechassem os olhos. Murmurou algo inspirador para eles, mas não consegui ouvir. (Mais tarde, eles me disseram que ela os lembrou de quão bem conheciam o negócio de construção, então não precisavam ter medo da rodada de perguntas.) Tambe os orientou a fazer uma "postura poderosa", ombros para trás, pés separados, um movimento que foi ainda mais visível graças aos tênis rosa de Maggs. E, então, eles se dirigiram ao palco.

Ambos os fundadores já haviam feito apresentações antes, mas decidiram que Sankaran faria esta, com Maggs executando a demonstração do software.

"Seu código para mim era 'Não seja um robô no palco'", disse Sankaran.

Maggs concordou: "A última coisa que eu disse a ele antes de ele subir ao palco foi 'Pelo amor de Deus, por favor, mostre emoção em seu discurso'".

Os fundadores não são atores, e mesmo os melhores argumentos de venda têm uma qualidade afetada, parecendo existir em algum lugar entre um texto memorizado e um apelo apaixonado. No entanto, Sankaran fez um bom trabalho ao acertar alguns dos primeiros socos emocionais: ele lamentou o "desperdício e a ineficiência" da indústria de construção. "Eles usam giz, pedaços de barbante" – sua voz tremeu de repulsa – "e Post-it para acompanhar o progresso de projetos de vários milhões de euros." Ele passou para um slide sobre um de seus primeiros clientes, um desenvolvedor com um prédio em Oslo que tinha uma viga de aço fora do lugar. Ela estava a apenas 3 centímetros de distância, mas poderia ter ameaçado todo o projeto. E então o salvador chega: na tela, o robô rola por um canteiro de obras enquanto trabalhadores humanos trabalham ao redor dele.

A parte mais impressionante da apresentação, porém, foi a demonstração em tempo real do software da Scaled Robotics. Um mapa tridimensional de um projeto de construção foi projetado atrás dos juízes, codificado por cores para mostrar as áreas problemáticas, com a laranja apontando os erros. "Como pode ver, você está em um mar de laranja", disse Sankaran. O público, que em geral contribuía com um som de fundo de pessoas se remexendo incansavelmente em seus assentos em qualquer apresentação, ficou quieto durante essa parte. Maggs e Sankaran seguraram o robô até o final da apresentação, quando ele rolou na frente dos juízes.

Os dois pareciam exultantes quando saíram do palco, mas tiveram que sair do caminho rapidamente quando os juízes passaram. Anthony Ha conduziu os juízes até um canto da arena, onde havia uma área de consultoria cercada por cortinas. Enquanto eles deliberavam, saí com Sankaran e Maggs. Eu lhes disse que os juízes pareceram engajados por eles de uma forma que não demonstraram com a maioria das outras equipes. Suas perguntas também careciam do ceticismo que vi nas outras startups. Enquanto conversávamos, um homem aproximou-se e entregou a Maggs seu cartão de visita. Trabalhara para a Unity, que produz plataformas de videogame. Ele viu uma possível parceria para ajudar a animar modelos de construção. Maggs acenou com a cabeça educadamente. Eu podia ver a matemática acontecendo em sua cabeça: a Unity tinha mais de 2 mil funcionários. Teria uma sociedade o poder de acabar engolindo sua pequena empresa?

Maggs e Sankaran voltaram ao hotel para se preparar para o dia seguinte, caso conseguissem passar para a próxima rodada.

Na primavera de 2019, antes de ir ver as startups no palco em Berlim, vi um tipo diferente de apresentação, no Public Theater em Manhattan, a casa do festival Shakespeare in the Park e o local de nascimento de *Hamilton*. Originalmente, pensei que ver os bastidores de uma peça poderia oferecer mais lições sobre a importância de uma abertura suave, como um adendo ao que aprendi em Telluride. Bill Jensen e sua equipe falaram sobre os primeiros dias com esquiadores na montanha como uma espécie de ensaio geral, então por que não ver um ensaio geral de verdade, com atores, diretores e músicos correndo de um lado para o outro? Só depois que cheguei lá percebi que desenvolver uma peça, como desenvolver um argumento de partida, era um exercício de repetição, construção de sentido e revisão, organizado em torno de um prazo final.

A peça se chamava *We're Only Alive for a Short Amount of Time* [Estamos vivos apenas por um curto período de tempo], de David Cale, um livro de memórias musicais sobre sua infância carregada e a maioridade como artista. Que tenso: o clímax da peça chega quando o pai de Cale espanca sua mãe até a morte com um martelo. Cale tinha 16 anos. A maior parte da apresentação era um monólogo, mas momentos de extrema dor e alegria eram frequentemente expressos em canções.

Pensei que iria aparecer um dia antes da prova geral, obter a configuração do terreno e, em seguida, assistir ao que aconteceria até a noite de estreia. Rapidamente aprendi que era mais complicado do que isso. O ensaio geral acontece mais ou menos no meio do processo, e não há nada de final nisso. A peça pode mudar substancialmente antes e depois dessa data. Robert Falls, o diretor de *We're Only Alive* e diretor artístico do Goodman Theatre em Chicago, me disse que a amplitude das mudanças pode ser bastante dramática, sobretudo para uma peça nova: "Uma cena não funciona e precisa ser cortada, ou você está trabalhando em um musical e tira uma música. Ou talvez você esteja colocando uma nova música que foi escrita na noite passada. Pode ser qualquer coisa, desde uma única linha sendo escrita ou um novo segundo ato".

Há várias ocasiões durante a preparação para a noite de inauguração em que essas mudanças podem acontecer. São os primeiros ensaios, que têm como foco a atuação dos atores, seguidos da semana tecnológica, quando a iluminação e o som e todos os demais detalhes técnicos do espetáculo são refinados. Após terminar a parte "tecnológica", há o ensaio geral, seguido por prévias – as primeiras apresentações na frente de um público pagante, que muitas vezes duram semanas. Os ensaios diários continuam durante todo esse processo, e a construção de sentido e a atualização acontecem ao longo do caminho. Por fim, após as pré-visualizações, o programa é "congelado" para pré-visualizações da imprensa; não haverá mais mudanças (importantes) após esse ponto. A noite de abertura não é diferente das apresentações anteriores, exceto que não há ensaio naquele dia e há uma festa depois.

Minha primeira visita ao Public Theater foi durante o quarto dia de ensaios, e cheguei no meio de uma cena. Cale estava praticando o gesto exato que usaria para informar ao seu irmão que a mãe se fora e o pai estava na prisão. Ambas as mãos nos joelhos? Um joelho em cima de um banquinho? Ficar parado no final ou manter um contato visual imaginário com o irmão mais novo?

O teatro estava cheio de entulhos: mesas pairando sobre os assentos, computadores configurados para ajustar os designs de iluminação e som, escadas nas fileiras. Falls me viu e gritou: "Estamos no clímax da peça, o momento mais emocionante!". Nas semanas seguintes, ele chamava a minha atenção periodicamente. "Lembre-se, pessoal, estamos dentro do prazo!", gritava, sobretudo quando ocorria algum pequeno atropelo ou atraso.

Cale era careca, com um nariz em forma de bico, uma constituição desleixada, vestido casualmente com uma camisa xadrez. Ele nasceu em Luton, na Inglaterra, mas seu sotaque foi suavizado pelos anos que passou na América. Depois de uma pausa, voltou à cena com seu irmão. A música vinha dos bastidores, aumentando quando Cale começou a cantar. Eu me senti sendo arrastado pela narrativa e pela atração emocional disso – mas então Falls interrompeu e perguntou se eles deveriam cortar uma fala que parecia um pouco chocante. Depois de um debate, Cale concordou.

Um tipo semelhante de ajuste fino ocorreu durante a semana técnica, mas com a iluminação e o som tendo prioridade. "Os atores tradicionalmente não sentem muita pressão" durante este período, disse-me Oskar Eustis, o diretor criativo do Public Theater. "Pela primeira e última vez no processo, eles não são o foco do trabalho." O show de Cale dependia de uma série de configurações de iluminação, como um pano de fundo atrás do palco com mudanças ousadas nos tons de cores, cada uma refletindo mudanças no humor de Cale no palco. Jennifer Tipton foi a designer de iluminação dessa produção; Falls a descreveu simplesmente como "um gênio". Durante a parte tecnológica, cada "rascunho" do projeto de iluminação passaria por um teste, e então ela o revisaria. Tipton continuou fazendo mudanças sutis na iluminação da semana da tecnologia até a noite de estreia. "Depois de ver as prévias", disse Falls, "ela continuou trabalhando todas as noites para torná-lo cada vez melhor e melhor e melhor."

Perguntei a Falls se as maiores mudanças tendiam a acontecer antes do ensaio geral final, e não mais tarde no processo, e ele disse que não era necessariamente o caso. "Cada peça vem com coisas que você vai aprender na frente de um público", disse, "o que torna o processo de visualização essencial. Tornou-se uma parte essencial no teatro moderno, no qual a peça é trabalhada. Isso porque o público muda isso. Você de repente, pelo menos no meu caso, vê a peça por um par de olhos diferente." Pensei nos questionários que Jean-Georges Vongerichten distribuía em cada jantar de simulação.

Falls citou o exemplo de *Hello, Dolly!* [Olá, Dolly!], que foi substancialmente revisada depois que as apresentações em Detroit e Washington, DC, tiveram uma resposta fria do público. Carol Channing, que originou o papel de Dolly, disse que as mudanças de texto eram tão frequentes que eles tiveram que esconder um membro da equipe em um lugar no palco para alertar os atores se esquecessem suas novas falas. Várias novas canções acabaram sendo escritas para resgatar o show, incluindo a agora clássica "Before the Parade Passes By" [Antes que o desfile passe], que encerra o Ato I. Channing lembrava de cantá-la pela primeira vez em um quarto de hotel às 3 da manhã, depois de uma maratona de escrita do compositor da música. Quando o diretor ouviu, ele agarrou Channing e o compositor pelas mãos e os balançou ao redor da sala, gritando: "É isso! É isso!". *Hello, Dolly!* se tornaria um dos musicais mais antigos de todos os tempos na Broadway.

As alterações feitas em *We're Only Alive* foram mais modestas, mas continuaram à medida que a semana de tecnologia teve suas primeiras prévias. Uma das últimas coisas em que trabalharam foi a chamada ao palco. Cale queria ficar no palco para suas reverências finais, mas Falls tomou a decisão de mandá-lo para fora do palco e depois voltar. Foi mais satisfatório, mais final dessa forma, disse ele.

Fui a duas apresentações de pré-visualização e pude ver como o espetáculo mudou quando o público estava lá para responder: ficou mais solto, mais sentimental e mais engraçado – porque, apesar de seu material, o roteiro de Cale é recheado de humor. O espaço de atuação intensificou a sensação de intimidade: era um teatro de arena, o que significava que o público cercava o palco. O efeito foi apagar a distância entre o intérprete e o público, e uma vez feita a conexão, ela nunca mais foi interrompida.

A mecânica de trabalhar por meio de ensaios, tecnologia e prévias para chegar ao dia de estreia possibilitou a quantidade máxima de revisões, com uma dose pesada direcionada exatamente ao alvo certo: o público, que seria o árbitro final sobre se o show era um sucesso ou um fracasso. O público foi o fator decisivo no prazo intermediário, e Cale e Falls – e os criadores de *Hello, Dolly!* – fizeram exatamente o que você deveria fazer depois de cumprir um prazo intermediário: use o tempo extra para tornar o que você está fazendo ainda melhor.

No final da última apresentação que vi, a multidão gritou em uma explosão de aplausos. Cale deixou o palco e voltou, como ensaiado, para a cortina. Uma mulher sentada perto do palco chorava, enquanto o restante da multidão se levantava, ainda batendo palmas.

O Public Theater teve semana de tecnologia e prévias; as startups em Berlim tiveram os treinamentos com Tambe. Em ambos os casos, houve um momento bem definido em que as revisões poderiam ocorrer, e isso, ao que tudo indica, pode fazer toda a diferença se o produto final é um sucesso ou um fracasso. Não é por acaso que cada versão do projeto de iluminação foi chamada de rascunho.

Meu trabalho como editor envolvia um processo semelhante. Cada novo rascunho de matéria era um momento para fazer uma pausa, reler, diagnosticar problemas e sugerir mudanças. Em algumas das matérias mais complicadas que editei, o escritor e eu fazíamos 10, 15, 20 rascunhos para chegar ao produto final. Embora, é claro, isso não fosse realmente definitivo: depois que o escritor e eu encontrávamos uma versão que agradava a ambos, outro editor lia a história de novo e fazia seus comentários. Em seguida, o departamento de arte, os verificadores de fatos, os editores de texto e os revisores, todos teriam uma palavra a dizer, e a história mudaria, de maneiras tão evidentes quanto um novo espetáculo e tão sutis como uma nova cortina, até que finalmente estivesse pronta para ser enviada à impressão.

Não usamos esses nomes na *GQ*, mas estávamos engajados na criação de sentido e atualização. Organizações de sucesso possuem mecanismos para garantir atualização efetiva; aquelas mal administradas mantêm sua avaliação original, independentemente daquilo que é mostrado pelas evidências. Marlys Christianson, professora da Universidade de Toronto que estuda o comportamento organizacional, escreveu sobre o potencial de desastre quando os locais de trabalho são incapazes de criar de fato um novo projeto para si próprios.

Em "More and Less Effective Updating" [Atualização mais ou menos eficaz], publicado em 2019 na *Administrative Science Quarterly*, ela comparou o desempenho de 19 equipes de medicina de emergência diferentes durante um exercício de treinamento. Cada grupo de médicos e enfermeiros foi apresentado com o mesmo cenário: um garotinho com histórico de asma foi trazido ao pronto-socorro reclamando de dificuldade para respirar. As equipes foram testadas para determinar a rapidez com que descobriam que uma peça vital do equipamento médico, a bolsa-válvula-máscara, estava quebrada e com que eficácia atualizariam a avaliação da situação assim que identificassem tal problema. Se eles não substituíssem a bolsa, o menino iria parar de respirar e teria uma parada cardíaca.

"A capacidade das equipes de ajustar sua percepção já se provou um alicerce para o gerenciamento eficaz de eventos inesperados", escreveu Christianson. O objetivo do experimento era ver como a pressão temporal, provocada pela piora da condição do menino, afetava a capacidade da equipe de ajustar suas percepções. Sua hipótese era que o "momento de disfunção" poderia impedir as equipes de "redirecionarem suas ações em andamento se a percepção não for interrompida e reavaliada periodicamente".

Das 19 equipes envolvidas no estudo, oito notaram a bolsa quebrada rapidamente e consertaram o problema. Das 11 restantes, 6 foram capazes de pausar e atualizar sua avaliação, às vezes passando por várias explicações diferentes de por que o menino não estava recebendo ar, antes de chegar à solução. Cinco nunca o fizeram. "A gestão da trajetória – como as equipes equilibraram o seu trabalho de percepção novamente com o trabalho de atendimento ao paciente – emergiu como fator-chave que contribuiu para uma atualização eficaz, particularmente quando a atualização ocorreu durante um longo período de tempo", explica Christianson.

As equipes que obstinadamente continuaram reavaliando sua situação e mudando suas ações de acordo com isso se saíram bem. Aquelas que pararam de procurar por novas pistas do paciente depois que travaram não o fizeram. Havia muito para manter as equipes ocupadas apenas devido à execução normal do atendimento ao paciente: instalação de uma intravenosa, injeção de medicamentos, coleta de sangue, intubação das vias aéreas do paciente, realização de reanimação cardiorrespiratória assim que ele tivesse uma parada cardíaca. Encontrar momentos para manter a atualização não era fácil, mas as melhores equipes o faziam.

No TechCrunch, momentos de revisão foram embutidos na programação: no primeiro esboço enviado para a competição, durante a passagem de som, no ensaio final, na conversa de preparação antes de as equipes subirem ao palco. No Public Theater, o processo era ainda mais formalizado: o diretor deveria dar notas a cada ensaio, a cada dia técnico, a cada prévia. Essas eram maneiras de resistir ao impulso, disfuncional ou não, para garantir que sempre houvesse tempo para revisar.

Um dos casos de falha que Christianson estudou chamava-se Team Oscar. Ela escreveu sobre a rapidez com que as coisas desmoronaram quando eles pararam de atualizar sua avaliação das necessidades do paciente: "A condição do paciente continuou piorando. Vários membros da equipe sugeriram um tubo obstruído como uma explicação plausível, esquecendo-se de que o paciente havia sido extubado no meio da simulação e, portanto, não havia um tubo instalado que estivesse obstruído. Nesse ponto, a equipe não foi mais capaz de gerar explicações plausíveis. Eles receberam uma pista da equipe de simulação ('O que é o mnemônico quando você não consegue ventilar...'), como uma dica para ajudá-los a desenvolver explicações plausíveis, mas, apesar dela, a equipe permaneceu presa, incapaz de atualizar de forma eficaz, e a equipe de simulação interrompeu a simulação". Se o menino fosse um paciente de verdade, ele teria morrido.

No dia da final da Startup Battlefield, Maggs e Sankaran chegaram à Arena Berlin carregando duas malas gigantes, que usariam para transportar o robô para casa após a competição. Perguntei como eles estavam se sentindo. "Fortes", disse Maggs, "mas ainda há mais um passo pela frente."

Na noite anterior, eles me disseram, todos os fundadores se reuniram para jantar em "algum restaurante alemão" com Neesha Tambe e outros VIPs da conferência. Às 21h30, no final da refeição, o TechCrunch anunciou os cinco finalistas que competiriam no dia seguinte. Ou melhor, eles não anunciaram: um artigo nomeando os cinco foi postado no site do TechCrunch enquanto o grupo estava comendo – uma forma tecnológica de dar a notícia, evitando confronto. Imaginei 20 fundadores atualizando ansiosamente seus telefones enquanto tentavam conversar e comiam *schnitzel*.

Maggs disse que o jantar foi tenso, uma atmosfera implacável fermentada por piadas desagradáveis. "É tudo meio *O senhor das moscas*, não é?", ele disse.

Quando descobriram que haviam conseguido passar para a próxima rodada, Maggs e Sankaran apertaram as mãos, mas tiveram o cuidado de não comemorar muito. Eles também decidiram deixar a garrafa de vinho inacabada para que pudessem descansar o máximo possível naquela noite. "Se você perdeu, pode sair até uma ou duas da manhã ou o que for", disse Maggs. "Talvez vá para o Berghain e se divirta." Scaled Robotics, Hawa Dawa, Gmelius, Inovat e Stable – nenhum de seus fundadores iria a clubes noturnos em Berlim naquela noite.

A rodada final seria às 14 horas, e o vencedor seria anunciado ao final da conferência, às 16h45. Maggs revelou que não estaria lá quando o vencedor fosse anunciado: ele tinha que voar para Londres para um casamento, e o embarque seria no instante em que o troféu seria entregue. Perguntei o que eles fariam se ganhassem. Ligar um para o outro? Sankaran: "Provavelmente uma mensagem de texto".

Eles riram de seu sangue-frio, mas eu apontei que pular o vinho extra era uma prova de que estavam levando a Battlefield a sério. Sankaran concordou. Mesmo que já tivessem investidores, havia futuros investidores que poderiam estar observando. Ele também a chamou de "uma ferramenta de recrutamento fenomenal". Se ganhassem, disse ele, poderiam aumentar sua equipe: US$ 50 mil era o equivalente ao salário de tempo integral de um novo contratado.

A parte inabalável de sua calma, entretanto, permaneceu. O processo de Tambe teve algo a ver com isso. Eles já haviam cumprido seu primeiro prazo: a data de inscrição para todas as submissões ao concurso. Nas semanas seguintes, revisaram a apresentação com ela, eliminando os momentos mais fracos e introduzindo novos pontos de discussão. Eram apresentações preliminares, de certa forma, com Tambe desempenhando o papel de um público pagante. Os slides foram reorganizados, e algumas sequências, incluindo o relato sobre aquela viga de aço mal colocada em Oslo – o equivalente da Scaled Robotics ao "Before the Parade Passes By" –

foram reescritas. Eles tinham até "feito a tecnologia" da apresentação, no primeiro dia em que os vi, na presença de Tambe.

Foi tudo uma resposta à pergunta sobre o que você poderia fazer com o tempo que se ganha ao utilizar o efeito prazo e, especialmente, ao definir prazos com antecedência e em diversos estágios. Se você adotou prévias ou aberturas suaves ou jantares de simulação, pode usar o tempo extra para revisar. Sankaran disse que abraçou essa ideia desde o início. "Nossa filosofia", disse ele, "é ter um plano B para o nosso plano B."

As finais da competição seguiram o mesmo formato da véspera. A grande diferença estava no período de perguntas, que agora era mais longo do que a apresentação – nove minutos inteiros.

Pela primeira vez em toda a conferência, os assentos em frente ao palco principal estavam ocupados. Mil pessoas estavam lá para ver as apresentações pessoalmente, e outras 10 mil assistiam online. Às 14h, Anthony Ha saiu e aqueceu a multidão. Ele vestia terno – um aceno para a solenidade do momento. Ha falou sobre as instruções dadas aos juízes. Eles deveriam avaliar as empresas com base em sua viabilidade primeiro e, em seguida, dar pontos extras de acordo com o impacto social ou financeiro. (Ganhe dinheiro e mude o mundo.) Enquanto ele falava, o troféu da Battlefield foi colocado no centro do palco. Era uma coisa volumosa, uma xícara de prata empoleirada no topo de um bloco preto com os nomes dos vencedores anteriores gravados nela.

Então Ha convidou os juízes ao palco: quatro investidores – três de fundos de capital de risco e um da SoftBank, a gigante japonesa de investimentos que recentemente havia virado notícia pelo tamanho extraordinário de suas perdas após investir no WeWork – junto com Mike Butcher, editor-geral do TechCrunch, que atuaria como uma espécie de presidente do júri. Os jurados usavam cadernos verdes combinando, fazendo anotações um tanto vistosas durante as apresentações.

Uma empresa chamada Gmelius foi a primeira, lançando uma ferramenta de produtividade que tornava mais fácil a comunicação entre e-mails, Slack e outras ferramentas organizacionais. Butcher foi direto para a pergunta fatal: a Gmelius não iria reviver o e-mail, justamente quando estamos todos reduzindo suas quantidades? (Butcher chamou o prospecto de "estranho e problemático".) O representante da Gmelius foi imperturbável: "Acreditamos que a caixa de entrada do e-mail não está indo a lugar algum". Provavelmente verdadeiro, mas também uma visão fatalista demais da natureza humana para ser aceita pelos juízes do Battlefield.

A Hawa Dawa foi a próxima. O *pitch* de Welling foi mais suave desta vez, mas deixou a sensação de ser feita por obrigação, não por vontade própria. Os juízes pareciam entediados. Butcher animou-se brevemente quando Welling disse que eles tinham um termo de confidencialidade com uma empresa de transporte, mas que poderia contar mais detalhes nos bastidores. "Ooh, interessante", ele disse. Welling apertou as mãos de todos os juízes ao sair do palco. "Não é necessário apertar as mãos", Ha disse.

Se a Hawa Dawa se tratava da virtude, a Inovat era mais uma admissão de que o vício, na forma de bolsas Louis Vuitton e elisões fiscais, sempre estará conosco. Os dois fundadores da Inovat, um russo e um ucraniano estabelecido em Londres, prometiam agilizar o processo de reembolso do imposto sobre valor agregado no aeroporto. (Era aparentemente um negócio de vários bilhões de dólares.) A apresentação foi cronometrada a cada segundo, com a última palavra sendo proferida quando o cronômetro chegou a zero. Os juízes estavam sorrindo no final: enfim, algo útil, mas trivial. Eles também pareciam peculiarmente bem versados em evitar o imposto em compras de luxo, citando alguns concorrentes que já trabalhavam na área durante o período de perguntas. Butcher, no entanto, dispensou a Inovat com um bocejo: "É uma coisa bastante óbvia de fazer", disse ele. Os fundadores da Inovat não apertaram as mãos de ninguém.

Sankaran e Maggs subiram ao palco. Os juízes pareceram desinteressados no início: o slide sobre a indústria de construção de US$ 17 trilhões parecia um clichê, e Sankaran não deixou claro, exatamente, que a viga de aço mal colocada em Oslo foi descoberta pela Scaled Robotics. Mas então, quando a demonstração começou, os juízes se endireitaram. Seu software tinha a virtude de parecer poderoso e direto. Os juízes começaram a rabiscar notas. Sankaran até fez questão de ressaltar o tema ambiental de uma forma que até então não havia feito, enfatizando que erros na construção acarretam maior desperdício e poluição. Os juízes concordaram. Maggs fez com que o robô fosse até eles.

Butcher foi direto ao cerne da questão, perguntando por que eles se preocuparam em construir um robô. O produto real não era o seu software? Sankaran sorriu; ele não poderia concordar mais. Disse que o robô era particularmente bom em capturar a realidade, mas eles podiam pegar dados de qualquer fonte. No jargão: eram "agnósticos de plataforma". Outro juiz perguntou sobre a resistência dos construtores a seu produto. Eles não irritariam muitas pessoas ao apontar seu trabalho de qualidade inferior? Sankaran admitiu que alguns empreiteiros poderiam ficar incomodados, mas em geral, ele acreditava, as pessoas querem saber que fizeram o trabalho certo.

A última apresentação veio de Richard Counsell, da Stable. Como um verdadeiro cavalheiro inglês, ele começou com um esportivo "Guten Tag" [Bom dia, traduzido do alemão], antes de entrar em campo. Butcher sentou-se na ponta de sua cadeira. Rapidamente, começou a parecer que a competição iria se reduzir entre a Stable e a Scaled Robotics. Os juízes pareciam talvez muito impressionados, ainda que não estivesse claro se realmente entendiam o que a Stable fazia. Até certo ponto, as startups tiveram que capturar a imaginação do público em um único slogan, e a Stable falhou nesse teste. Teve sucesso em parecer adequadamente grande, lucrativa e capaz de mudar o mundo. Counsell parecia feliz ao sair do palco.

Com o último *pitch* concluído, os juízes foram para a sala fechada com cortinas, enquanto os competidores se reuniram em uma única mesa comprida em frente ao público, abaixo do palco. Antes de anunciarem o vencedor, porém, eles seriam submetidos a uma conversa com o vice-campeão da Battlefield anterior, Matthew Prince, o CEO da Cloudflare, uma empresa que fornece grande parte da base de infraestrutura da web. Atualmente, ela está avaliada em mais de US$ 5 bilhões.

Prince falou sobre sua própria experiência no TechCrunch Disrupt. Ele disse que sua empresa tinha mil clientes quando subiu ao palco e 10 mil quando saiu. Alguns dos concorrentes deste ano o estudavam extasiados, rindo nervosamente de suas piadas. Maggs estava a caminho do aeroporto. Sankaran lia um artigo acadêmico em seu laptop. Pude ver que ele tinha como plano de fundo de sua área de trabalho uma foto com seu pai.

Conforme a hora do anúncio se aproximava, a perna do fundador da Inovat começou a tremer tão violentamente que Sankaran aproximou-se e afagou seu ombro para que ele se acalmasse. Counsell estava suando e se abanando com seu crachá de identificação. E então, finalmente, era hora de anunciar quem iria levar a taça. Butcher subiu ao palco. De forma bastante abrupta, ele disse: "O vencedor do TechCunch Disru —" e, então, parou e começou a rir. "Eu só tinha uma coisa a fazer", ele disse. Ele havia se confundido e quase estragara o anúncio. "O vice-campeão do TechCrunch Disrupt Berlin 2019, senhoras e senhores, é: Stable!" Counsell acenou com a cabeça e correu para o palco, onde foi presenteado com uma garrafa de champanhe. Sankaran soltou um assobio alto.

E então, com apenas uma pausa, eles estavam indo direto para o anúncio final. O vencedor da Startup Battlefield 2019 foi: Scaled Robotics!

Sankaran bateu na mesa com as duas mãos, seu desprendimento evaporando instantaneamente. Ele deu um pulo e correu para o palco, parecendo atordoado e encantado. Uma garrafa de Veuve Clicquot apareceu, e ele a ergueu acima de sua cabeça quando uma chuva de confete explodiu acima dele. Anthony Ha trouxe um cheque gigante feito para a Scaled Robotics e entregou-o a Sankaran: US$ 50 mil. Butcher chamou todos os competidores para o palco, e eles posaram para uma foto. Na fotografia final de todos os competidores, Sankaran estava na última fila, quase invisível atrás dos outros.

Os dois primeiros colocados entraram na competição bem preparados: cada um me disse que já havia feito apresentações para investidores dezenas de vezes. Mas a Scaled Robotics venceu, eu diria, por causa das revisões que fez em sua apresentação padrão. Eles sabiam que não precisavam de investidores, pelo menos não imediatamente, o que aliviou um pouco de sua pressão. Mas isso também permitiu que adaptassem sua apresentação a um novo público – a possíveis futuros funcionários, o que exigia que ampliassem seu apelo para além de banqueiros focados em resultados financeiros ou especialistas da indústria. Isso provou ser uma mudança crucial. "A apresentação passou por muitas versões diferentes", disse Maggs, "para testarmos o que funciona e o que não funciona." O resultado era algo que nem mesmo Butcher poderia negar.

O caminho à frente de Sankaran e Maggs agora era um pouco mais íngreme: nova equipe, novos investidores, talvez até mesmo aquela saída eventual – tudo viria mais rápido. Era um futuro que eles enfrentariam com alguma ambivalência. "Será muito difícil ir embora", disse Sankaran. "Esta startup é uma extensão de você mesmo. Você coloca todos os seus traços de personalidade bons e ruins ali. Você passa literalmente anos criando essa coisa. Entregá-la para outra pessoa seria muito difícil."

Sankaran tentou sair da arena, mas continuou sendo interrompido por simpatizantes, com alguns investidores em potencial. O mais educadamente que pôde, disse a eles para entrarem em contato mais tarde – precisava dar um telefonema ao seu cofundador. Um dos caras da Wotch correu até ele: será que deveriam abrir aquela garrafa de Veuve? Sankaran prometeu que pagaria uma rodada para todos, mas aquela garrafa seria guardada para sua equipe, em Barcelona.

Por fim, ele se libertou da multidão e se dirigiu para a saída. A última vez que o vi, estava sozinho, a caminho de um táxi, arrastando seu cheque gigante atrás de si.

Tornando-se um "monstro guiado por missões":
Best Buy

Nunca foi minha intenção ter um emprego vendendo televisores na Best Buy. Meu plano era fazer do mesmo modo que fiz para todos os outros capítulos deste livro: encontrar alguém dentro da empresa para ser meu guia durante um grande prazo – neste caso, os preparativos da loja para a Black Friday – e aparecer com um caderno na mão. Mas, depois de uma conversa inicial com um membro da equipe de relações públicas da corporação, toda a operação tornou-se obscura para mim. Fiz ligações infrutíferas, deixei mensagens de voz amigáveis, acompanhei por e-mail.

Isso durou mais de um ano. E depois:

> *Olá, Christopher,*
> *Obrigado pelo seu interesse em trabalhar na Best Buy! Recebemos sua inscrição para a seguinte posição: Especialista em Experiência do Cliente, Temporário – 734928BR.*
> *No momento, estamos revisando suas qualificações em relação aos requisitos para essa posição. Se houver correspondência, entraremos em contato com você com uma atualização sobre o seu status e as próximas etapas no processo de seleção.*
>
> *Atenciosamente,*
> *Equipe de Recrutamento de Recursos Humanos da Best Buy*

Era final de setembro, dois meses antes da própria Black Friday. Varejistas de todo o país estavam começando a contratar trabalhadores temporários para lidar com a correria do feriado, especialmente o fim de semana de Ação de Graças. As lojas teriam suas melhores vendas do ano, o que traria milhões de compradores: mais de 80 milhões na própria Black Friday e quase 40 milhões no dia anterior (também conhecido como Dia de Ação de Graças, até que foi anexado pelas grandes equipes de venda). As vendas totais naquele fim de semana acabariam chegando a US$ 69 bilhões. Foi um enorme desafio logístico: como você se prepara para um dia em que o tráfego de clientes será muito mais intenso do que o normal?

Eu estava particularmente familiarizado com as falhas catastróficas: o pisoteamento que feriu vários compradores; as brigas por micro-ondas e telas planas com grandes descontos; os ataques cardíacos e assassinatos. O enorme desastre da Black Friday causou a morte de um trabalhador em um Walmart em Valley Stream, Nova York, durante uma inauguração frenética na manhã de 28 de novembro de 2008. Jdimytai Damour foi instruído a ficar de guarda na entrada para conter milhares de compradores que tentam ser os primeiros a entrar na loja. Pouco antes das 5h, a multidão começou a gritar "empurrem as portas". Poucos minutos depois, as primeiras pessoas conseguiram passar. "Eles estavam pulando as barricadas e derrubando a porta", disse uma testemunha. "Todo mundo gritava." Damour foi derrubado e pisoteado; ele foi declarado morto uma hora depois em um hospital próximo.

Nos anos seguintes, os varejistas se tornaram melhores em controlar as multidões, ou simplesmente tiveram mais sorte, talvez as duas coisas. Os pisoteamentos tornaram-se raros, embora ainda houvesse muitas brigas, sobretudo fora das lojas, nos estacionamentos. Mesmo nos piores dias da loucura da Black Friday, a Best Buy era uma espécie de ponto fora da curva. Houve um momento de violência, em 2010, quando um ladrão de lojas apontou uma faca para um fuzileiro naval que coletava doações para o programa Toys for Tots. Esse incidente, no entanto, foi mais provavelmente um exemplo de "fera americana indígena", como Philip Roth o chamou, do que um produto da própria Black Friday. E se a Best Buy era a melhor no que tange à administração desse dia em comparação a seus rivais, eu queria saber por quê. Eles usavam prazos intermediários ou prazos suaves, como a Jean-Georges e a Telluride, ou tudo acontecia devido ao planejamento, como para a Airbus e os cultivadores de lírios? Independentemente do que estivessem fazendo, estava funcionando.

Em minha inscrição para o emprego de vendedor sazonal, estabeleci a regra de não mentir sobre nada, mas deixei alguns itens de fora do meu currículo. Isso incluiu meu colégio em Atlanta e um tour seletivo pela minha história de trabalho, aproveitando muito o tempo em que trabalhei meio período para o departamento de recursos audiovisuais de um hotel na faculdade, vinte anos antes. (Se a Best Buy precisasse de alguém para configurar um PowerPoint usando um computador e tecnologia de áudio, ambos dos anos 1990, eu era bem qualificado.) Também listei meus trabalhos como editor *freelancer* feitos esporadicamente nos últimos quinze anos. Não estava na lista: qualquer trabalho de tempo integral que já tive. Tive de aumentar o texto para o tamanho 16 para fazê-lo preencher uma única página.

Eu não era burro o bastante para acreditar que provavelmente conseguiria um emprego permanente na loja, mas esperava que eles estivessem desesperados o suficiente por ajudas temporárias de modo a não olharem para as minhas poucas qualificações. Mesmo assim, não consegui afastar por completo o sentimento de dúvida ética dessa tentativa, que provavelmente era minha intuição moral correta.

Vinte e cinco minutos depois de enviar minha inscrição, recebi um telefonema da gerente de contratação da Best Buy em Baldwin, Nova York, que fica a cerca de uma hora de trem da cidade. Ela me pediu para contar um pouco sobre mim – eu disse que era um editor *freelancer* na esperança de ganhar algum dinheiro extra antes das férias – antes de chegar à sua verdadeira pergunta: eu estava disponível para trabalhar no Dia de Ação de Graças? A Best Buy abriu às 17h naquele dia. Garanti a ela que estava, e ela perguntou se eu estava disponível para participar de uma entrevista. Às 14h da segunda-feira seguinte, foi exatamente o que fiz.

Não vou falar sobre a entrevista, exceto para mencionar que achei o meu desempenho muito bom. O gerente era encantador, otimista e parecia aceitar a história de que eu era um editor *freelancer* que viu os negócios desacelerarem recentemente. (Verdade!) Ele queria saber sobre minha disponibilidade (total), contudo parecia mais decidido a responder a duas perguntas: Você vai nos roubar? (Não.) E você vai ser um incômodo para o seu gerente? (Provavelmente!) Saí da loja me sentindo otimista, mas alguns dias depois recebi um e-mail da Best Buy dizendo: "Após uma análise cuidadosa, não avançaremos com sua inscrição para este cargo".

Fiquei devastado. Ao que tudo indicava, não ser qualificado para um emprego era uma barreira para consegui-lo.

No dia seguinte, me candidatei a um emprego temporário na Best Buy localizada algumas cidades distantes de Baldwin. E então silêncio.

Enquanto esperava pela Best Buy, fui a um evento de contratação na Target que ficava perto de minha casa no Brooklyn. Eu ainda achava que a Best Buy provavelmente teria a abordagem mais organizada para a Black Friday, mas a Target prometeu que contrataria pessoas no local se elas passassem por um processo de triagem.

Essa entrevista foi muito mais rápida. Seu foco parecia ser verificar se eu era apresentável e entusiasmado e se poderia conduzir um cliente de forma *plausível*, em vez de afastá-lo da ideia de comprar algo. Contei ao meu entrevistador que sabia um pouco sobre produtos eletrônicos – basta olhar meu currículo lá, de 1999 a 2001 –, mas ele disse que as únicas oportunidades eram nos setores de estilo e beleza. Bem, acontece que eu sabia mais sobre isso do que outros caras, após ter trabalhado por tantos anos na *GQ, mas* eu não poderia dizer isso. Então, em vez disso, expliquei a ele que o setor de estilo parecia legal e que eu estava definitivamente ansioso para aprender o que não sabia. E, assim, fui contratado.

No dia seguinte, a Best Buy me ligou. Eu poderia comparecer a uma entrevista naquela semana? Eu relutantemente disse que sim. Só quando cheguei lá, alguns dias depois, percebi que a loja para a qual me inscrevi ficava no Green Acres Mall, em Valley Stream. O Walmart onde Jdimytai Damour fora pisoteado até a morte ficava a um estacionamento de distância.

Ao meio-dia de um dia frio de novembro, a área parecia abandonada. Havia uma Target e um TGI Friday's, um Home Depot e o Walmart onde o desastre aconteceu. Lonas azuis ondulavam com o vento acima de uma Macy's que estava sendo demolida ou muito lentamente montada de volta. Atravessei o estacionamento, em direção a uma fachada azul imponente com uma etiqueta gigante amarela de preço da Best Buy pairando sobre a porta.

A loja era de fato grande: milhares de metros quadrados para TVs, uma grande bolha no meio para telefones e jogos, uma ala dedicada a geladeiras e eletrodomésticos e, na parte de trás, uma seção para laptops, tablets e computadores. Os tetos eram altos, o que dava ao lugar uma sensação menos claustrofóbica do que a de Target. Além disso, quase não havia clientes no meio de um dia de semana.

Minha entrevista foi com o gerente geral da loja, a quem chamarei de David. (Como nenhum dos funcionários de Valley Stream sabia que eu era repórter, mudei os nomes que serão apresentados ao longo deste capítulo.) Ele estava na casa dos 30 anos, com um olhar cansado no rosto, uma pança, cabelos castanhos encaracolados. Sua primeira pergunta, claro, foi sobre minha disponibilidade. David também quis saber por que escolhi a Best Buy, e mencionei que sempre gostei de computadores. Acrescentei que queria um emprego no varejo para a temporada, mas era difícil me imaginar trabalhando (digamos) na seção de estilo da Target. Ele assentiu.

David então me apresentou uma lista de cenários que eu poderia enfrentar se trabalhasse na Best Buy: O que eu faria se me restasse uma hora de trabalho, mas apenas quinze minutos no meu turno? E se alguém tivesse um pedido online e estivesse faltando uma peça? E se uma cliente insistisse que me deu uma nota de US$ 50 e eu achasse que ela havia me dado uma de US$ 20? Ele também me perguntou o que eu faria se pegasse um funcionário roubando algo. Eu iria denunciá-lo ao meu gerente, é claro, falei. E se você fosse o gerente, o que faria? Demiti-lo. E você o denunciaria à polícia? Aqui eu fiz uma pausa. Eu sabia que a resposta "certa" era tolerância zero, mas não conseguia imaginar que, se eu fosse realmente um gerente da Best Buy, gostaria de mandar um garoto que ganha um salário mínimo para a cadeia apenas por roubar alguns controles de jogos. David olhou para mim com cautela. Chamaria a polícia, eu disse.

David pulou um monte de perguntas e então foi para a última página, onde o gerente deveria avaliar meu desempenho. Ele circulou todos os 4s em uma escala de 1 a 5 e perguntou quando eu poderia começar. Algo perverso em mim me fez querer abusar da sorte. "Cartas na mesa", eu disse. "Eu tenho outra oferta de emprego." David contraiu os lábios. "É na seção de estilo da Target. E, embora eu prefira trabalhar aqui, eles estão me oferecendo US$ 15,50. Gostaria de ao menos receber mais do que isso." David hesitou um microssegundo antes de concordar em me pagar US$ 16 por hora: "Claro, podemos fazer isso. Não gostamos daqueles caras". Da Target, ele quis dizer. Só mais tarde percebi como a minha ação havia sido atrevida: US$ 15 era o salário mínimo na cidade de Nova York, onde estava localizada a Target que desejava me contratar, mas no condado de Nassau o salário era de US$ 12 a hora.

Na saída, conversamos sobre a Black Friday, ela está a apenas três semanas. Ele tinha passado por 15 delas com a Best Buy.

Eles esperavam de 5 mil a 7 mil clientes, em comparação com um dia normal de 500 ou mais. Eu disse a David que isso era parte da razão pela qual eu queria esse emprego: parecia emocionante estar no meio daquela correria louca. "Oh, é emocionante", disse ele, "e maluco." Com isso, David apertou minha mão, e eu era oficialmente um funcionário da Best Buy. Liguei para a Target para dar a eles as más notícias.

Eles não tinham mais as clássicas camisas polo azuis da Best Buy e então, em vez disso, me deram uma camisa preta. Tecnicamente, aquele era o uniforme destinado àqueles que trabalhavam nos fundos da loja, no estoque, mas os clientes não pareciam notar a diferença, desde que eu estivesse usando meu crachá amarelo. Conheci o gerente da loja, Anthony, que trabalhava diretamente para David. Ele era compacto e magro, com uma barba primorosamente bem aparada. Anthony me disse que estava na Best Buy há seis anos e se tornara gerente aos 20. Falou sobre a cultura da loja de promoções internas: 85% dos supervisores e 80% dos gerentes gerais foram promovidos internamente. "Se você quiser ser CEO da empresa", disse ele, "pode fazer isso."

Durante meu treinamento, assisti a um vídeo de orientação sobre a história da empresa, desde o estabelecimento original em St. Paul na década de 1960, quando se chamava Sound of Music. Depois que uma importante loja foi atingida por um tornado, em 1981, a venda do estoque resultante levou o fundador a ter a ideia de aplicar descontos radicais. Uma mudança de nome e algumas décadas pouco lucrativas depois, e a Best Buy chegou a 2012, quando quase fechou devido à concorrência com a Amazon. Foi nesse ano que Hubert Joly, empresário nascido em Nancy, na França, chegou como CEO com a missão de transformar a empresa. A primeira coisa que fez foi introduzir uma política de combinação de preços, para impedir que a Amazon sempre os reduzisse. E ele enfatizou as coisas – por exemplo, atendimento ao cliente e suporte técnico, na forma do [serviço de atendimento do mesmo grupo] Geek Squad – que pode fazer alguém ainda querer ir a uma loja física.

Joly era, em um sentido distante, meu chefe, então fico hesitante em tecer elogios a ele, mas suas ações pareceram estabilizar a empresa. Como outras lojas grandes, incluindo aquelas que estavam tornando a vida dos cultivadores de lírios da Páscoa miseráveis, a Best Buy sofreu durante o "apocalipse do varejo" que vinha fechando shoppings em todo o país em 2019 e 2020, e estava se apoiando em seus clientes; as vendas cresceram nos últimos cinco anos consecutivos. Em 2019, a empresa tinha mais de 125 mil funcionários globalmente e US$ 40 bilhões em vendas. "Somos o maior varejista de eletrônicos de consumo *omni-channel* do mundo!", o vídeo de orientação mencionou.

Pedi para trabalhar no departamento de informática, que parecia ser a única parte da loja onde eu não estaria totalmente perdido, mas Anthony me disse que eu estaria no home theater em vez disso. TVs. Contei a ele que minha televisão em casa tinha dez anos e era de plasma – um tipo de tela que eles nem sequer produziam mais. Anthony disse que não importava: eu poderia aprender, e era naquela seção que eles mais precisavam de gente na Black Friday. Uma tela plana ainda era o prêmio que a maioria das pessoas queria levar para casa no grande dia.

Ninguém no home theater parecia saber que eu iria me juntar a eles, mas aceitaram isso rapidamente. Conheci meu supervisor imediato, Sid, e Robert, um veterano associado de vendas que eu seguiria no primeiro dia.

Robert, um cara de constituição sólida em seus 30 e poucos anos com sotaque caribenho, parecia se divertir com a ideia de eu estar ali para vê-lo trabalhar, mas não se opôs. Robert fez um tour rápido pela seção de home theater, que ocupava alguns milhares de metros quadrados no canto direito da frente da loja. O home theater cobria de tudo, de aparelhos de som a cabos HDMI e antenas, mas as estrelas do show eram as telas planas. Elas foram separadas em três subseções principais: a parede da Samsung, a da Sony e a da LG [consideradas as Três Grandes marcas]. Todas as outras TVs, das TCLs baratas às Toshibas, Vizios e Sharps, foram relegadas à margem. O objetivo constante de qualquer vendedor que trabalhasse no chão de fábrica era conduzir as pessoas das TVs de baixo custo às Três Grandes.

Com poucas exceções, todos os clientes que conheci durante meus turnos regulares vieram com a expectativa de comprar uma das TVs de menor preço. Mas as Três Grandes estavam sempre tão lindamente arranjadas, com vídeos especiais de alto contraste com cores vibrantes reproduzindo em loop, que a maioria das pessoas passava pelo menos um pouco de tempo pensando em uma vida na qual poderiam pagar por um dos modelos mais sofisticados. As diferenças de preço podiam ser drásticas: a TV mais cara da loja, uma Samsung de 82 polegadas com conteúdo 8K, que nem existia no mundo real, custava US$ 6 mil. As mais baratas oscilavam entre US$ 100 e US$ 300. Elas eram todas muito, muito melhores e maiores do que a TV que eu tinha em casa.

Robert me explicou o básico do trabalho: tente empurrar as pessoas para modelos mais sofisticados, tente incluir alto-falantes e complementos às suas compras, tente fazer que comprem garantias e suporte técnico ou se inscrevam para o cartão de crédito da Best Buy. (Cada inscrição de cartão de crédito, cada "aplicativo" renderia US$ 200 à loja.) Sempre venda itens adicionais: alguém pode pensar que está aqui pelo desconto de US$ 249 que viu, mas na verdade é um futuro magnata das cavernas pronto para ser solto. A regra geral era que qualquer venda adicional era boa. Se você empurrar um cliente em direção a uma categoria específica, mas ele demonstrar resistência para ir mais longe, pare de empurrar. A certa altura, Sid passou e viu um cliente segurando uma Sony de preço razoável. Ele começou a falar sobre as desvantagens daquela TV, mas se calou quando Robert explicou que o cliente entrou em busca de uma TCL. "Esta Sony é uma ótima TV", disse Sid.

Assisti apenas a algumas vendas de Robert antes de ele desaparecer. Por fim, encontrei outro funcionário temporário, Eric, que já estava no emprego há duas semanas e, portanto, tinha muito mais conhecimento. A certa altura, ele fez uma pausa e me deu uma olhada, as sobrancelhas levantadas. "Quanto eles estão pagando a você?", perguntou. Dezesseis dólares por hora, respondi. Eric não parecia surpreso; era como se eu tivesse confirmado uma suspeita dele. Ele recebia US$ 14,25 por hora. Achei que, se houvesse uma boa ação que eu pudesse fazer enquanto estivesse naquele trabalho, seria conseguir um pouco mais de dinheiro para meus colegas, então o estimulei a pedir aumento para US$ 16 e se sentir à vontade para dizer a David, o gerente, que sabia que eu estava recebendo essa quantia de dinheiro. Ele disse que assim o faria.

Depois de algumas horas, consegui me colocar em uma venda real. Um homem de 50 e poucos anos com cavanhaque grisalho estava olhando um pouco distraído para alguns dos televisores da Samsung. Ele me disse que tinha vindo pegar um dos TCLs, que ouvira falar que eram muito bons. Eu o acompanhei até os TCLs. Todos estavam amontoados, tornando difícil diferenciar um do outro. Olhamos para alguns deles. Ele encontrou um que não era muito caro, talvez US$ 400, e concordei que parecia uma boa TV.

Particularmente, decidi que não tentaria vender itens adicionais a ninguém. Eu estava lá para observar, não para empurrar as pessoas para uma TV que elas não podiam pagar. Não tentei deslumbrar o cliente com especificações técnicas e falar sobre as vastas diferenças entre uma Samsung e uma TCL – eu não conseguiria, nem mesmo se quisesse. Contei em que acreditava, que todas as TVs eram muito boas, e depois de escolher o tamanho que você queria, você realmente não poderia fazer uma escolha errada. No entanto, mais de uma vez, isso levou o cliente a perguntar sobre aquela Samsung sofisticada: tipo, se não havia nada de especial nela, por que tinha um lugar especial na área de vendas? E por que o preço era muito mais alto? "Bem", eu diria, "não tenho certeza se há muita diferença." Muitas vezes, porém, depois que o cliente estava assistindo a uma TV em destaque, era difícil voltar para a prateleira com os modelos de menor custo.

Enfim, esse cara, que se chamava Tommy, tinha acabado de terminar com a namorada e estava se mudando do apartamento. Ele não sabia se queria fazer barulho em seu novo apartamento de solteiro ou ser mais conservador, como um sinal da seriedade de sua nova vida, seu novo lugar. Porque eu basicamente esvaziei meu conhecimento apenas nomeando as várias marcas que carregávamos, eu disse a outra coisa que aprendi em minha hora de trabalho. Havia algo especial nas TVs Sony: você ganhava US$ 300 de desconto se juntasse uma Sony e um dos alto-falantes com barra de som de última geração. Caminhamos até a seção da Sony, e mostrei a ele a placa que descrevia o negócio. Ele parecia mais feliz apenas por estar na terra da Sony do que no balaio das outras marcas com as TCLs.

Tommy pegou o telefone para falar com alguém, andando nervosamente de um lado para o outro. Por fim, outro colega, Terrell, veio me resgatar. Ele tocou uma demo para Tommy na barra de som, uma trilha sonora de filme de ação que pulsava com acidentes de carro, tiros e batidas graves. Ouvir a alta potência desse áudio pareceu solidificar algo na mente de Tommy, e ele finalmente disse: "Ok, vamos lá".

"Mesmo?", eu perguntei. "Oh, ok! Vamos para o caixa." Quando finalizei a transação, fiz questão de digitar o número de funcionário de Terrell para dar-lhe crédito pela venda. Na Best Buy eles não trabalham com comissão, mas a empresa mantém o controle dos números de vendas individuais e recompensa com bônus os funcionários de melhor desempenho. Alguns de meus colegas reclamaram de roubo de vendas ou de funcionários que exigiam ser adicionados a uma venda mesmo quando sua contribuição era mínima. Eu era um novato, porém raramente tinha uma venda que ganhasse sozinho, e ficava feliz em compartilhar o crédito. Isso parecia marcar minha presença no home theater, embora ainda fosse irritante porque eu era basicamente incompetente, ao menos um pouco suportável.

Por falar em incompetência, descobri que a tv que vendi a Tommy estava esgotada. Ou talvez houvesse algumas na loja em algum lugar, no entanto ninguém sabia onde encontrá-la. Eu deveria ter simplesmente dispensado Tommy, dito a ele para fazer o pedido online para ser entregue em sua casa, mas àquela altura já havia passado mais de uma hora com o cara. Corri de volta para a área de estoque, porém a tv não estava em lugar nenhum. Procurei na loja: TVs estavam empilhadas em todos os lugares em preparação para a Black Friday, mas não a que Tommy queria.

Terrell tentou me ajudar a fazer um acordo para Tommy poder pegar a tv em outro local, mas também não funcionou – as lojas não estavam liberando seu estoque tão perto do feriado. Tommy estava pronto para ir embora. Minha primeira venda estava evaporando bem no caixa.

Por fim, perguntei a Tommy se estava disposto a fazer o pedido agora e pegar a tv mais tarde naquele dia. O computador informava que havia seis dessas TVs em estoque, então elas deveriam estar em algum lugar. Faça o pedido, alguns elfos mágicos encontrarão as TVs que faltam e a loja enviará um e-mail para que você possa vir buscá-las. Não havia razão para ele fazer isso. Ele encontrou uma tv de que gostou e com certeza conseguiria o mesmo preço online. Toda a conveniência de comprar algo pessoalmente – você pode ver com os olhos e levar para casa agora – havia desaparecido. Ainda assim, por algum senso equivocado de lealdade a mim, ele concordou. Triunfante, envergonhado, exausto, aumentei a liquidação: quase mil dólares direto para os resultados financeiros de Hubert Joly. Eu havia passado mais de uma hora do meu horário oficial de saída.

O grupo de home theater parecia mais masculino do que a maioria das equipes. Sempre que havia uma calmaria no tráfego de clientes, os caras se reuniam para repetir alguns temas comuns: música, discotecagem, ganhar dinheiro. Desempenhei um papel particular nessas conversas: o novato fazendo perguntas, o que suscitou uma atuação de conhecimento e sabedoria mundana. Acontece que era muito parecido com ser um repórter. (Lembro-me de algo que Hubert Joly disse no vídeo de orientação: "Gostaria que você se inscrevesse na história da Best Buy".)

Uma das únicas mulheres na equipe era Stephanie, que era especialista em Samsung e, portanto, recusava-se a empurrar um cliente para qualquer TV, exceto a Samsung mais cara. Stephanie passou uma boa hora no início do meu segundo turno me explicando os detalhes das ofertas da Samsung: 8K, 4K, QLED, *slim array*, *full array*, HDR 32X. No final, ela me questionou sobre o meu conhecimento, e eu estava muito infeliz. "Você se esqueceu de falar sobre o ponto quântico", ela disse, e era verdade, eu esqueci. Tampouco sabia o que era.

A certa altura, Terrell e outro colega de trabalho, Luís, me perguntaram se eu estava seguindo Stephanie naquele dia. "Eu acho", falei, embora ninguém tivesse me atribuído esse papel. "Você precisa parar", disseram eles. "Ela não é boa coisa." É verdade que eu nunca havia feito uma venda com Stephanie. O mais perto que chegamos foi um cara que entrou procurando uma TV de 65 polegadas. Ele usava óculos escuros ali dentro, uma imitação de uma jaqueta da Gucci e nos entregou seu cartão de visita, em que divulgava seu Instagram: @stonerinfo. A sua conta, que tinha 85 mil seguidores, consistia em fotos de maconha e memes dos Simpsons (relacionados a ela). Disse que era designer de moda e perguntou que outros empregos eu tinha. Eu disse a ele que aquele era o único. Parecia espantado. "Mas como você vai ganhar dinheiro?", perguntou. Dei de ombros.

Stoner Info desempenhava um papel importante, mas parecia incomumente sensível ao preço. Stephanie sugeriu que comprasse uma

Samsung, mas ele sempre voltava para uma LG intermediária de que gostava. No final das contas, a coisa toda desmoronou quando Stephanie basicamente se recusou a lhe vender a LG, que ela disse ser inferior, e ele não escolheu o televisor da Samsung. Ele perguntou se os preços iriam cair mais e Stephanie disse que sim, na Black Friday, mas você terá que esperar na fila com milhares de outras pessoas, completou. Black Friday? "Essa é a merda que você vê na TV, onde todos estão se matando", disse ele. Então saiu sem comprar nada.

A melhor experiência que tive durante esses primeiros turnos foi quando ajudei um menino e seu pai, que falava espanhol. O filho, de 12 anos, fazia a tradução para nós. O pai queria algo de que pudesse se orgulhar, disse ele, algo que durasse, mas o orçamento deles era apertado. Estávamos no corredor com as TVs mais baratas. O olho do pai, no entanto, continuou vagando para os Samsungs. Perguntou o preço. "É US$ 899", falei. O filho traduziu; o pai acenou com a cabeça. Assistimos à TV em silêncio por um tempo. Eu me ofereci para mostrar a ele outras opções, mas, quanto mais ele ficasse ali, menos provável parecia que mudaria de ideia. Quando liguei a TV, nós dois tivemos uma surpresa: estava à venda, um especial pré-Black Friday, por US$ 699. "Ótimo", disse o pai. Foi um caso raro em que minha infelicidade não prejudicou o cliente.

Duas semanas antes da Black Friday, tivemos uma reunião com todos os funcionários às 7 horas para repassar como a loja funcionaria no grande dia. Quando fui contratado, foi a única data que David me fez reservar imediatamente: meus primeiros turnos poderiam começar a qualquer hora, mas eu tinha que estar lá para essa reunião.

Cheguei às 6h45, e já havia cerca de 30 pessoas esperando na sala do Magnolia Home Theater, uma lojinha dentro da loja com TVs e alto-falantes de última geração. Havia cadeiras dispostas em fileiras, *bagels* e café servidos. Todas as TVs da loja estavam desligadas, o que dava ao local uma atmosfera quase tranquila. Demorou mais trinta minutos para todos chegarem, mas por fim toda a equipe, 70 associados sazonais e em tempo integral e outros 20 supervisores e gerentes, se reuniu em frente ao maior Sony da sala.

Anthony deu um passo à frente e se dirigiu à multidão. David não lideraria a reunião naquele dia, disse ele, porque estava "muito, muito doente". Ele participaria, no entanto, por videoconferência, para um discurso de abertura – e lá estava ele, parecendo um pouco cansado, mas por outro lado bem, usando um casaco de lã da Best Buy no banco de trás de seu carro, onde tinha ido para poder falar conosco sem acordar sua esposa e seu filho. Descobriu-se que sua doença era o herpes-zóster, que costuma ser causada por estresse.

Ele falou sobre a intensidade da Black Friday – "é a maior e mais louca época do ano" – e sobre a importância dessa simulação. Todas as Best Buy do país estavam tendo uma reunião semelhante naquele momento. "Se há uma reunião na qual você deve prestar atenção", disse ele, "é esta." Então, talvez essa fosse uma pista para o sucesso da Best Buy: ela criara, no varejo, o equivalente a um jantar de simulação de restaurante. Eu logo descobriria, no entanto, que eles fizeram muito mais do que isso.

David devolveu o discurso para Anthony, que perguntou quantas pessoas na sala estavam trabalhando em sua primeira Black Friday. Mais da metade da equipe levantou as mãos. "Mesmo aqueles que trabalharam no feriado antes ainda sentem o frio na barriga", disse ele. "Não estou aqui para te assustar, mas vou testar você." Ele então revelou a estratégia que a loja usaria para lidar com as enormes multidões e sua energia entrópica abundante. Isso representou nada menos do que uma revisão total de como a Best Buy fazia negócios.

Primeiro, toda a área de vendas seria dividida em cinco seções, com barreiras entre elas: home theater, computadores, jogos, telefones celulares e eletrodomésticos. Cada departamento tinha o próprio esquema contra "arrombamento de porta", então as divisões serviriam imediatamente para quebrar o que seria uma onda gigante em canais separados. As barreiras reais seriam feitas de caixas de produtos. As TVs maiores serviam de maneira excelente para esse fim: já localizei uma linha de TCLs de 65 polegadas dividindo os aparelhos da seção de telefones celulares e uma fileira de TVs Toshiba Fire entre jogos e home theater. Cada seção tinha seu próprio check-out dedicado, com uma fita rosa brilhante no chão mostrando a direção em que a fila deveria fluir.

Em seguida, o atendimento ao cliente e o suporte técnico do Geek Squad seriam encerrados do Dia de Ação de Graças até o dia seguinte à

Black Friday, e suas mesas seriam transformadas em caixas regulares. Uma única fila, alinhada por caixas de TV e se estendendo por todo o caminho até o fundo da loja, alimentaria a área principal do caixa. Isso pegaria qualquer cliente que não conseguisse entrar em uma fila de checkout específica do departamento. Também haveria seguranças extras disponíveis, contratados de uma empresa terceirizada. A comida para a equipe seria servida, de forma que ninguém tivesse de sair para jantar. Os funcionários também não podiam mais escolher o horário das refeições, mas tinham um horário designado para eles.

Os clientes que buscavam o que se previa ser a venda mais procurada daquele ano, uma TV de 58 polegadas por US$ 199 (com preços rebaixados de US$ 479), seriam totalmente desviados para fora da loja. As primeiras dezenas de pessoas na fila recebiam um tíquete, que apresentariam na doca para pegar a TV. O outro item que deveria atrair uma grande multidão, um laptop de US$ 89, estaria disponível apenas na seção de computadores, em que uma fila de caixa extralonga havia sido fechada para atender à demanda.

Havia outra inovação que não apreciei até ver seu efeito em tempo real. Apenas para o Dia de Ação de Graças e a Black Friday, a loja não rastrearia mais os números de vendas individuais dos funcionários. Cada TV, laptop ou Xbox vendido nesses dois dias seria creditado à equipe. A competição entre funcionários pode fazer sentido durante um dia normal – motivar uma venda, encorajar vendas adicionais, garantir que todos os clientes recebam atenção imediata –, mas, na Black Friday, a velocidade era o valor mais alto. Essa mudança abriu caminho para uma divisão de trabalho que se mostrou mais eficiente do que a disputa usual pelas vendas: um cliente podia ser passado adiante, redirecionado e, por fim, contatado por diferentes funcionários, sem que ninguém se preocupasse com seus próprios números. Em resposta a uma enxurrada de clientes, a Best Buy criou uma brigada de vendas.

Anthony encerrou sua apresentação, e nos dividimos em departamentos para examinar o que havíamos aprendido. Eu estava me sentindo confiante, mas Sid estava mais solene. "Apenas se prepare", disse ele. "Não vai ser fácil."

A reorganização das equipes de vendas me lembrou algo que li em um livro intitulado *Organizations in Action* [Organizações em ação], de James D. Thompson, publicado em 1967. Thompson era um sociólogo e interessou-se em saber como as estruturas das empresas afetavam o seu desempenho. Um dos atributos que ele destacou foi "interdependência" – isto é, as maneiras pelas quais as várias partes de uma empresa ou equipe confiam umas nas outras para operar.

O tipo mais simples de interdependência foi chamado por ele de "interdependência conjunta": cada funcionário ou divisão contribuía para um objetivo comum, mas eles não precisavam se coordenar uns com os outros para realizar seu trabalho. Na maior parte, isso descrevia negócios como de costume na Best Buy. Os associados trabalhavam por conta própria para gerar vendas, com números controlados individualmente, e a integridade de toda a loja dependia de sua receita combinada.

Na Black Friday, porém, a loja mudou para o que Thompson chamou de "interdependência sequencial". Cada venda agora passava por várias mãos, e nenhum indivíduo recebia o crédito. Uma equipe sequencialmente interdependente era mais eficiente – como uma linha de montagem, um exemplo clássico do formulário. Esse tipo de interdependência exige mais comunicação entre os funcionários e maior planejamento por parte da administração. Claro, é exatamente para isso que o ensaio foi feito.

O tipo mais complicado de interdependência é a "interdependência recíproca", em que uma única tarefa pode passar de um lado para outro várias vezes entre os funcionários de uma equipe. Houve alguns exemplos de interdependência recíproca na Best Buy, mas o mais saliente para minha mente é (de novo) uma revista, na qual, a qualquer momento, os departamentos de impressão ou arte podem estar esperando que eu faça algo ou eu posso estar esperando por eles. Em minha experiência, o aumento da interdependência está relacionado ao cumprimento mais eficaz dos prazos.

Sequência era um item bom o suficiente para a Best Buy, porém – e foi uma mudança bastante radical na maneira como eu interagia com meus colegas. A dinâmica geral mudou, indo de competição para cooperação. Achei que isso pudesse ter algo a ver com a falta de rastreamento de vendas: sem a promessa dessa recompensa, mesmo o associado mais cruel não teria motivo para roubar a venda de um colega. Mas, de acordo com Ruth Wageman, que escreveu sobre interdependência para uma coleção chamada *Groups at Work* [Grupos no trabalho], é a "interdependência de tarefas" em vez da "interdependência de resultados" que realmente motiva o comportamento cooperativo. Ou seja, a estrutura da brigada de vendas nos forçou a cooperar, quer quiséssemos ou não.

Houve outra mudança que devo mencionar. Enquanto em um dia normal os vendedores seriam instruídos a simplesmente gerar o máximo de receita possível (ou, mais provavelmente, não receberiam instrução nenhuma), no início da Black Friday David leu para nós os números específicos que a loja almejava alcançar: US$ 725 mil em receita, 200 inscrições de cartão de crédito, 20 novos membros no programa Total Tech Support.

Isso soou muito como um movimento emprestado do que é conhecido como teoria do estabelecimento de metas. Gary Latham, que com Edwin Locke publicou o livro mais conhecido sobre o assunto, resumiu a afirmação central: "Concluímos que os objetivos mais eficazes para aumentar o desempenho são aqueles específicos e difíceis". Um estudo dessa estratégia analisou seis operações de registro em Oklahoma. As madeireiras estavam tendo problemas para fazer com que seus motoristas carregassem caminhões em sua capacidade total, o que se traduzia em viagens e custos extras. Os gerentes da empresa primeiro tentaram fazer com que os motoristas de caminhão se saíssem melhor apenas lhes dizendo para carregar mais toras – para fazer o melhor. Sem mudanças.

Eles então tentaram algo diferente: os motoristas foram instruídos a carregar seus caminhões até 94% do seu peso-limite para cada viagem. Depois que os motoristas receberam uma meta específica e difícil, o desempenho melhorou rapidamente. A carga média logo passou de cerca de 60% da capacidade para 90%, estabilizando-se aí. A mudança acabou gerando uma economia de quase US$ 1 milhão para as empresas.

Além das mudanças na interdependência e na definição de metas, a Best Buy fez alguns movimentos táticos bem antes de novembro que melhoraram sua capacidade de gerenciar a Black Friday com eficácia. A loja Valley Stream estava constantemente aumentando o estoque: em um momento tranquilo, poderia ter um caminhão de reabastecimento por semana. Agora eram quatro. A decisão de abrir no Dia de Ação de Graças, que se tornou a norma entre as grandes lojas logo após a morte de Damour, em 2008, foi uma tentativa de distribuir as multidões em dois dias. E, claro, a empresa contratou um bando de novatos como eu para lidar com o aumento impossível de clientes e suas perguntas.

Ao todo, foi uma lição reveladora de como até mesmo uma empresa gigante poderia se refazer para enfrentar o desafio de um prazo particularmente importante. É muito grandioso comparar os dois, mas uma frase de um artigo sobre o programa Apollo vem à mente. Depois que o presidente Kennedy definiu o prazo para colocar um homem na Lua até o final da década, Mike Tolson escreveu para o *Houston Chronicle*: "A NASA teve que ser transformada de uma burocracia científica multifuncional em um monstro voltado para a missão". Substitua "varejista de eletrônicos de consumo *omni-channel*" por "burocracia científica multifuncional" e você terá uma descrição justa de mim e de meus colegas de trabalho naquele mês de novembro.

Na noite anterior ao Dia de Ação de Graças, acordei às duas horas da manhã no meio de um sonho conturbado: estava tentando desesperadamente verificar o preço de uma TV, mas não conseguia fazer o leitor de código de barras funcionar. Na verdade, tenho tido pesadelos com TVs há semanas. Eu mal conseguia me controlar durante um dia normal de trabalho; multiplicar o número de clientes por 10 ou 20 parecia uma loucura.

Meu turno começou às 16h45 no Dia de Ação de Graças. No caminho, vi uma fila de clientes em volta da loja, cercada por barricadas francesas. David estava lá dentro, de costas para as portas, onde as primeiras dezenas de clientes, com olhos famintos, esperavam e nos observavam. Depois de alguns minutos, David chamou todos os funcionários para a frente. Aquele dia, disse ele, era uma questão de eficiência: deixar os clientes entrar e sair e deixar a preocupação com vendas adicionais e outros produtos para o dia seguinte. A maioria dos clientes que vinham no Dia de Ação de Graças tinha em mente um produto específico, uma venda específica. Deveríamos ajudá-los a encontrá-lo e mandá-los embora.

Em seguida, veio a parte da inspiração. Ele elogiou a equipe e lembrou a todos que eles estavam ali, sim, para se divertir. Olhei em volta, esperando ver alguns olhos revirados, mas meus jovens colegas não eram tão cínicos quanto eu. A parte final do discurso foi feita para atender às nossas expectativas sobre o que a noite traria: "Não será como os vídeos do YouTube que vocês viram". Tínhamos um plano, ele prometeu, e nunca perderíamos o controle da loja.

Três minutos antes de as portas se abrirem, David ordenou que todos tomassem suas posições. No home theater, Robert me entregou uma pilha de páginas: uma alteração final no protocolo. Em vez de enviar clientes pela fila arrastando suas TVs com eles, escreveríamos o nome do produto e SKU no papel, e alguém traria o item para a frente após o checkout.

Faltando um minuto, Anthony me agarrou e disse para ficar perto do corredor de acessórios: cabos, adaptadores e suportes de parede. "Quero que você faça coisas simples, sem ofensas", disse ele. "Sem problemas", respondi, embora sentisse uma pontada de ressentimento. *Você não tem ideia do quanto aprendi!*, eu pensei. Só então as portas da frente se abriram.

David estava certo: não parecia com o YouTube. Os guardas de segurança deixavam apenas um punhado de pessoas passar por vez. E, embora os clientes tivessem uma expressão de angústia e urgência em seus rostos enquanto corriam pela loja, não havia espaço suficiente para empurrar uns aos outros para fora do caminho. Eles também pareciam saber exatamente para onde estavam indo: tinham o mapa da loja pronto na memória e o produto que queriam, bem como seu preço, circulado em um folheto da Best Buy. O home theater encheu um pouco mais devagar do que as outras seções, talvez porque a melhor promoção da área de televisores fosse um item único. No fim das contas, porém, havia mais clientes do que eu jamais tinha visto antes se aglomerando ao redor das Samsung 8K e apontando maravilhados.

Os compradores do Dia de Ação de Graças são os verdadeiros caçadores de pechincha obstinados, dispostos a deixar suas famílias, ignorar a atração das sobras e resistir a outra taça de vinho para dar uma olhada no departamento de TV de uma grande loja. Um refrão que ouvi várias vezes foi que as remarcações não pareciam drásticas o suficiente. Quase todos os clientes a quem perguntei disseram que compravam no Dia de Ação de Graças todos os anos.

As primeiras duas horas foram ininterruptas. Não pude ajudar um cliente sem ser interrompido por mais três. Andar para qualquer lugar era ser convidado a receber mil perguntas. Nunca disse "Dê-me um minuto" tantas vezes seguidas. Perguntei a Luís se a quantidade de pessoas era semelhante à do ano passado, e ele respondeu que era visivelmente menor. Parecia otimista sobre o fato: "Bom para nós, ruim para a empresa", disse ele.

A primeira correria começou a diminuir. As pessoas que esperaram na fila, em sua maioria, conseguiram o que queriam, pagaram e foram embora, apesar de os reforços chegarem continuamente. Fiz minha pausa agendada às 18h45, voltando para o "hub", a sala dos funcionários, para comer um sanduíche. Outro cara do home theater estava lá, e conversamos rapidamente sobre o que estava acontecendo e o que não estava. Ele disse que vendeu uma TV 8K, o que me surpreendeu. O melhor que consegui vender foi uma Samsung de US$ 700. Considerando que, em geral, a conversa durante os intervalos era sobre qualquer coisa menos Best Buy, agora todos conversávamos sobre como as coisas estavam indo naquele piso. Todos pareciam exaustos, e ainda faltavam sete horas para fechar.

Quando voltei ao home theater, descobri que a calma que havia observado era apenas o prelúdio para uma segunda onda que começou por volta das 20 horas. Foi quando os compradores atrasados chegaram. Esse grupo tinha mais famílias inteiras, grupos de seis, sete ou dez que haviam esgotado suas cozinhas em casa, talvez relaxado no sofá e assistido a um pouco de futebol, e agora estavam prontos para o entretenimento da noite. Esses compradores ainda queriam preços incrivelmente baixos, mas estavam mais dispostos a procurá-los. O ritmo de vendas desacelerou. Ocasionalmente, enquanto eu estava conversando com um cliente, Sid aparecia e me lembrava "no meio de uma conversa" que oferecemos um desconto de 10% para qualquer pessoa que adquirisse o cartão de crédito Best Buy. "Chris, não se esqueça de que oferecemos 10% de desconto no preço mais baixo de venda da Black Friday para quem quiser nosso cartão." Não, eu não esqueci desde a última vez que você me disse, cinco minutos atrás.

Por volta das 22 horas, uma forma absoluta de cansaço se instalou. Eu achava cada vez mais tentador voltar ao hub e me sentar, apenas por cinco minutos, e eu não estava sozinho. Em uma visita, Luís entrou e viu cerca de seis de nós sentados com o olhar vazio no rosto. "Parece que todos estão fartos", disse ele. O problema não era que essa mudança fosse muito mais longa do que uma mudança normal; era assim na loja, não havia absolutamente nenhum período de inatividade, e mesmo o sistema de controle de tráfego mais engenhosamente projetado não poderia consertar isso.

A terceira onda veio à meia-noite. Não tenho certeza de quem eram esses clientes, embora o número de famílias inteiras, incluindo crianças, permanecesse alto. Meu palpite era que um bom número deles pensava que a loja não abriria até meia-noite – ou seja, a própria Black Friday – ou que de alguma forma os negócios melhorariam assim que o calendário oficialmente terminasse mais um dia. À 0h45, a loja estava tão congestionada como estivera o dia todo, e correu a notícia de que, embora parássemos de aceitar novos clientes após a 1 hora, não expulsaríamos ninguém. Esperava-se que os funcionários ficassem até o último cliente decidir sair por conta própria.

Enfim, depois que o suprimento de novos clientes foi cortado, o número de pessoas dentro da loja começou a diminuir. Passei meio minuto inteiro sem ser sinalizado. A loja parecia notavelmente esgotada: os estoques de algumas TVs haviam desaparecido, e até mesmo os modelos menos populares estavam saindo pela porta. No geral, o sistema parecia funcionar: as filas nunca ficavam muito longas, todos podiam comprar alguma coisa, ninguém morria. Do lado da equipe, mesmo os ladrões de vendas mais notórios foram domados e mantiveram o espírito de cooperação. Ou talvez apenas parecesse assim porque estávamos cansados demais para fazer qualquer coisa, exceto manter tudo em andamento.

Pouco antes de fechar, esbarrei em David perto do *hub*. Ele perguntou como estava me sentindo e respondi que exausto, mas de alguma forma ainda animado. Ele disse para economizar energia para amanhã, "o momento realmente louco". A loja estaria aberta por dezessete horas seguidas, o dia de compras mais longo do ano.

Quando cheguei na manhã seguinte, a área de vendas havia sido montada apressadamente, como um bêbado que enfiou a camisa para dentro a caminho do trabalho depois de uma noite inteira bebendo. A maioria dos mecanismos de controle de tráfego ainda estava em vigor, mas agora havia lacunas nas barreiras: algumas das TVs e caixas de micro-ondas que formavam a fila para o caixa foram vendidas. Eu vi Sid no meu caminho de volta do *hub* e perguntei como nos havíamos saído no dia anterior. Noventa por cento da meta de receita e 173 de 200 inscrições de cartão de crédito. "Muito bom!" Eu disse, mas ele parecia chocado. "Gostamos de ter como meta 110%", falou.

Caminhei pelos corredores meio vazios. Tive a sensação de remexer nos ossos do banquete da noite anterior, uma impressão que só foi reforçada quando me deparei com um cliente comendo sobras de peru e purê de batatas de um Tupperware na seção de DVD. Lembrei-me de uma imagem da loja original em Minnesota, após o tornado.

No home theater, os clientes repetiram algumas das perguntas da noite anterior. Esse era realmente o preço de venda? Para onde foram as TVs com descontos maiores? E acrescentou-se uma nova pergunta: Espere, vocês estavam abertos ontem à noite?

Grande parte do trabalho do dia consistia em tentar encontrar a caixa real em estoque das TVs que já havíamos vendido. Tentei fazer uma anotação mental cada vez que via um modelo diferente no chão, mas na maioria das vezes as caixas se moviam antes que eu tivesse a chance de voltar a elas. À medida que os suprimentos acabavam, tornei-me bastante adepto de mover a escada gigante da plataforma (veja o vídeo de treinamento nº 1, "Procedimentos-Padrão de Operação da Escada com Segurança") para pegar o estoque armazenado nas prateleiras altas no perímetro da loja. Em geral, um funcionário com uma camisa preta de estoque (como a minha) estaria "trazendo o estoque" constantemente para manter os itens na loja, mas havia muito para acompanhar.

Passei muito tempo com um casal que veio em busca de uma TV curva e tive que trabalhar através dos sete estágios do luto depois que eu disse a eles que TVs curvas não eram mais uma sensação. Uma hora depois eu os vi com Sid, e eles gentilmente disseram a ele que eu já havia respondido a um monte de perguntas deles. Sid lhes pediu para não se preocuparem com isso – não estávamos trabalhando com comissão, então não havia necessidade de me dar crédito.

Um cliente me perguntou se eu poderia ajudá-lo a carregar uma TV até o carro. Ele estava na casa dos 40, um pouco enfraquecido. Com ele estava uma mulher que devia ser sua mãe, a julgar por sua idade e sua insistência incessante enquanto ele tentava erguer e mover a TV, uma LG de 75 polegadas, para dentro de sua minivan. Nossa primeira tentativa de colocar a caixa no carro resultou em cerca de 30 centímetros dela para fora da parte de trás. O homem subiu no banco do motorista e me disse para fazer o mesmo no lado do passageiro. O tempo todo a mãe ficava de lado, dizendo ao filho que nunca daria certo, que ele era estúpido por tentar. Ele não disse nada, mas vi uma espécie de determinação implacável. Deu um grande empurrão na caixa, e os bancos dianteiros cederam um pouco mais para a frente. Outro empurrão, e a caixa começou a se comprimir. Um último empurrão e ele bateu a porta traseira, lançando um olhar de triunfo e raiva para a mãe. Eu voltei para a loja.

De acordo com os seguranças, raiva foi a palavra de ordem para o estacionamento o dia todo. Pessoas brigando por vagas, carros quase atropelando pedestres, clientes estacionando em fila tripla na frente para carregar suas compras até seus carros. Na hora do almoço, conversei com um dos guardas, que disse que algumas brigas haviam começado. O fato de nenhuma dessas ações ter causado agitação dentro da loja foi uma prova da ordem que fomos capazes de impor, pelo menos naquele dia.

A hora das refeições foi designada novamente, e durante minha meia hora me vi à mesa com Luís e Robert, embora este parecesse cochilar enquanto estávamos sentados ali. Conversamos sobre o dia, e uma visão da perspectiva deles se solidificou para mim. A Black Friday não era um dia para ser comemorado; era algo a que sobreviver, dois dias de punição que permitiam os longos períodos de dias calmos que se acumulavam nas duas pontas. Até o fim de semana antes da véspera de Natal havia sido mais fácil. O trabalho era muito bom, no entanto, e havia até espaço para avanços, se houvesse interesse. Então eles se jogaram no corpo a corpo e prenderam a respiração até emergirem do outro lado.

Fiz a última venda que parecia significativa. Um cara com dreads longos enrolados sob um boné, um sotaque jamaicano e uma barba rala e pontuda me disse que tinha um pedido simples: ele queria a maior e mais barata TV que pudesse comprar. Ele não se importava com o fabricante ou quais eram os detalhes técnicos: muito grande e muito barata. Enfim uma missão que eu poderia realizar. Peguei meu telefone e mostrei a ele uma foto de uma Hisense de 65 polegadas feita na China ao preço de US$ 349. Ele não hesitou. "É isso", disse ele. O único problema era que só havia uma na loja e eu não tinha ideia de onde estava. Elaborei um plano: vou dar uma olhada no estoque, disse a ele, mas pode estar em outro lugar. Uma TV tão grande e tão barata poderia estar servindo como parte da barreira da fila do caixa. Eu disse a ele para patrulhar a fila com um olho para o logotipo turquesa da Hisense, e eu iria olhar nos fundos.

O estoque parecia um pouco pior, pelo desgaste depois das visitas de algumas dezenas de funcionários como eu ao longo do dia. Para encontrar as TVs, tive que tirar as caixas do caminho e escalar uma pilha de micro-ondas. Ainda assim, nada de Hisense de 65 polegadas. Dei mais algumas voltas antes de desistir e ir para a frente da loja – onde, para minha feliz surpresa, o cliente estava esperando com um grande sorriso, apoiado em uma caixa gigante de Hisense.

"Você encontrou na fila?", perguntei.

"Pode acreditar!", ele disse.

Ele comemorou. Da perspectiva da Best Buy, provavelmente era uma perda de tempo: eu teria que vender dez desses por hora para chegar perto do televisor mais sofisticado e do mesmo tamanho. Mas conseguira que um cliente levasse exatamente o que queria, e ele parecia encantado. Além disso, e eu juro, todas essas TVs parecem iguais quando você as leva para casa.

Bati o ponto e fui me despedir de Terrell, Luís e Robert. Eles desejaram que eu chegasse em casa em segurança e depois voltaram para a chuva de clientes. Eram 21h e eles ainda tinham mais uma hora antes de encerrar. Ao longo da minha carreira na Best Buy, vendi entre US$ 30 mil e US$ 40 mil em TVs. Um vendedor melhor (e isso inclui cada um dos meus colegas) teria feito facilmente o dobro disso. Mesmo assim, senti um pouco de orgulho de mim mesmo. Eu me perguntei se, quando me despedisse, eles olhariam meus números e implorariam para eu ficar só mais um pouco. Mas, de novo, agora que a Black Friday havia acabado, eles realmente não precisavam mais de mim.

Naquela noite, dormi um sono nocauteado. Poucos dias depois, liguei para a loja para pedir que não agendassem mais meus turnos: eu tinha outro projeto que ocuparia todo o meu tempo. Ninguém retornou a minha ligação, tampouco recebi mais turnos.

Dominando o efeito prazo:

Força Aérea dos Estados Unidos

Faltava um dia para que o furacão Florence inundasse a Costa Leste, mas os aviadores estavam à vontade. Na última vez que um furacão havia atingido os Estados Unidos – na verdade, foi o nocaute causado por Harvey, Irma e Maria –, quase 400 homens e mulheres da 621ª Ala de Resposta a Contingências da Força Aérea se deslocaram para ajudar nos socorros emergenciais. Se os resultados do Florence se assemelhassem aos daquele desastre, muitas das pessoas que vi andando pela Base Aérea de McGuire estariam saindo em poucas horas. E, no entanto, ninguém parecia agitado ou ansioso. O clima sombrio fazia parecer que tudo na base acontecia em câmera lenta – os braços gigantes da tempestade haviam pressionado as nuvens em todo o sul de Nova Jersey, e o ar estava assustadoramente parado.

Havia uma razão para que todos estivessem tão calmos: estavam preparados. Tão preparados que poderiam passar horas me mostrando a base sem que isso afetasse a habilidade deles em iniciar o alívio do furacão no dia seguinte.

Minha primeira reunião foi com o sargento-chefe David Abell e o coronel Ryan Marshall, os dois líderes da unidade. A ala de resposta a contingências faz o que parece que faz – responde às "contingências" como terremotos e furacões, sem mencionar as crises que podem surgir a qualquer instante em uma zona de guerra. Mais especificamente, a 621ª é uma força de resposta rápida que pode abrir um campo de aviação capaz de pousar aeronaves gigantes em qualquer lugar do mundo. E, para o alívio de desastres, ter um campo de aviação funcionando pode significar a diferença entre a vida e a morte para as pessoas que precisam de abrigo, comida e água.

Portanto, Abell e Marshall, dois companheiros importantes, comandantes de 1.500 aviadores na única unidade da Força Aérea dedicada a partir a qualquer instante, estavam na véspera de uma tempestade que manteria as Carolinas submersas por semanas. Mas aqui estavam eles, sentados comigo em seu escritório e me acompanhando durante a operação. Comentei com eles que não parecia que alguém estava prestes a embarcar em um avião de carga e coordenar um amplo esforço de socorro, mas me garantiram que estavam prontos para fazer exatamente isso. "Estamos prontos", afirmou Marshall. "Temos pessoas aqui na Costa Leste que estão prontas para sair quando forem chamadas. Somos projetados para operar de forma rápida, leve, ágil, definitiva."

O padrão era que eles estivessem no ar – em um C-5 da Força Aérea ou C-17, aviões grandes com capacidade para equipar uma cidade inteira com tendas e com os meios para montá-las – em até doze horas após receber uma ligação do Pentágono. Além disso, nenhuma missão era conhecida previamente, apenas quando chegava até eles. Poderia ser qualquer tipo de missão, desde distribuição de comida até preparação para uma invasão. A tempestade que se aproximava não era diferente. "Após algo como um furacão", disse Abell, "não se tem ideia do tipo de dano que pode ser causado."

Havia ali uma lição para qualquer pessoa que enfrentasse prazos mais comuns, mas demorei um tempo para aprendê-la. Nesse meio-tempo, Abell estava me falando sobre algumas das missões mais recentes da 621ª. Houve um esforço de socorro no Haiti após o furacão Matthew, em 2016. Operações de aeródromo perto de Raqqa, na Síria, e Mosul, no Iraque, enquanto essas duas cidades estavam sendo recuperadas do Estado Islâmico. (Sete membros da 621ª receberam estrelas de bronze durante esses desdobramentos.) A resposta a Harvey, Irma e Maria foi espalhar os seus esquadrões por 15 locais ao mesmo tempo. Em Porto Rico, a Força Aérea realizou 2.800 missões de transporte aéreo para distribuir 16 milhões de libras de assistência. "Estivemos fortemente envolvidos naquela operação, tentando fazer com que os aeródromos fossem abertos de volta", disse Abell. "Por se tratar de uma ilha, não era possível realizar o transporte terrestre. A sua capacidade de obter suprimentos e assistência se restringia ao que chegasse por via aérea."

Antes de sair para visitar a base e encontrar os homens e mulheres que realizaram aquelas missões de salvamento, Abell me contou sobre um evento incomum que ocorreria mais tarde naquele dia. Um dos aviadores, o sargento Thomas Vaughn, receberia o equivalente a uma promoção no campo de batalha, tornando-se sargento técnico, que era o degrau que se seguia na hierarquia. Em geral, essas promoções demoravam meses e exigiam que o aviador fizesse uma série de testes aparentemente intermináveis. Nesse caso, porém, a Força Aérea estava cortando toda aquela burocracia: "Temos uma tarja que podemos distribuir na hora. Então olhamos para toda a nossa ala, para todos os nossos sargentos e descobrimos este aqui". No momento, eu era a única pessoa na base além da equipe sênior que sabia da promoção. Se eu visse Vaughn, Abell me disse, não poderia dizer uma palavra. "Não estrague tudo", ele disse, e me mandou embora.

O major Shane Hughes tinha um cartão de visita, que me entregou pouco depois de fazermos o trajeto da sede até o depósito onde a 621ª guarda tudo o que precisa para ir a qualquer lugar do mundo. O cartão o indicava como o diretor de operações de um dos quatro esquadrões da ala de resposta a contingências na base e mostrava o lema do esquadrão: "Adapte-se e supere".

Hughes era bonito, com cabelos loiros cortados rentes, 30 e poucos anos. Como quase todo mundo que conheci na McGuire, ele parecia surpreendentemente relaxado, levando-se em consideração a natureza de seu trabalho. Caminhamos pelo armazém e ele apontou os vários paletes designados como "em alerta", o que significa que seriam usados caso houvesse um chamado repentino para a ação. Havia paletes com barracas gigantes, chuveiros portáteis, aquecedores, geradores, tanques de ar e caixas de refeições prontas MREs (os aviadores haviam comemorado recentemente a adição de balas Skittles a essas refeições). Galões gigantes cheios de água potável, outros galões cheios de combustível de aviação. Um trailer dobrável que poderia servir como um centro de operações com comunicações por satélite. Hughes disse que todos os objetos mecânicos foram construídos para funcionar com combustível de aviação, ou qualquer combustível que você jogue nele. A última coisa que eles precisam é de um motor que tenha exigências sobre o que é colocado nele. Uma vez por semana, todos os paletes eram verificados para garantir que ainda estivessem aptos a ser utilizados.

Do lado de fora, havia veículos Ford F-350s e Humvee pintados de um verde-oliva pálido e empilhadeiras gigantescas com pneus enormes, destinadas a operar em terrenos irregulares. Uma operação de socorro é essencialmente um trabalho de logística – como a Best Buy na Black Friday, se houver uma chance significativamente maior de destroços ou balas matando os motoristas de caminhão e operadores de empilhadeira. Os membros da 621ª foram treinados para trabalhar em qualquer condição de iluminação, inclusive com óculos de visão noturna durante o blecaute completo. Perguntei como eles poderiam dirigir uma empilhadeira na escuridão. "Muito, muito devagar", disse Hughes. Tudo, dos veículos às pilhas de MREs, foi dimensionado para caber em um dos três aviões que a 621ª usa, o C-5, o C-17 ou o C-130. Enquanto estávamos inspecionando o equipamento, dois dos homens de Hughes se juntaram a nós. Os sargentos Ronald Rowe e Donald Wheeland estiveram ambos com a 621ª quando a unidade foi implantada no Haiti após o furacão Matthew, em 2016. Matthew era um furacão de categoria 4 quando alcançou o continente, tornando-se a tempestade mais forte a atingir o Haiti desde 1964. Para um país que ainda se recuperava do terremoto de 2010, foi um golpe devastador. Mais de 200 mil casas foram danificadas, 546 pessoas morreram e quase 1,4 milhão precisava de ajuda. O governo haitiano chamou Washington, e o Pentágono convocou a 621ª. Em catorze horas, eles estavam no solo em Porto Príncipe. "Eu estava em um dos primeiros caminhões", disse Rowe.

Rowe e Wheeland me explicaram o que aconteceu quando souberam que estavam voando para o sul. Não era o que eu esperava. Para começar, os homens e mulheres que deslocavam para lá não haviam feito as malas, não reuniram informações sobre a missão, não correram para garantir que tudo fosse carregado em um avião de carga. Em vez disso, foram para casa, onde suas malas já estavam prontas – cada esquadrão em alerta mantém suas malas prontas para ir –, e passaram algum tempo com seus maridos, esposas, filhos, namoradas e namorados.

Hughes explicou: "Assim que recebemos a ordem de deslocamento, vamos todos para casa para ter certeza de que está tudo alinhado com as nossas famílias, de que todas as contas serão pagas. Todas as pequenas coisas que devem estar resolvidas se você vai ficar fora por sessenta dias". Fazer parte de uma unidade que pode ser chamada a qualquer momento é bastante estressante – isso ao menos permite uma despedida adequada. Manter as famílias felizes era tão importante para o moral de todos quanto cuidar dos próprios aviadores.

De volta à base, uma célula de planejamento de missão, composta por aviadores que não estariam em deslocamento, fazia todo o trabalho de preparação. Isso incluía comunicar-se com o governo haitiano, reunir informações sobre o estado da infraestrutura local e preparar-se para entrar em ação em qualquer situação. O aeroporto de Porto Príncipe ainda era utilizável, então o foco era configurar um sistema para colocar o máximo de aviões de suprimentos de emergência no solo, descarregá-los e colocá-los de volta no ar o mais rápido possível. À medida que o relógio avançava para o final da janela de deslocamento de doze horas, os aviadores voltavam à base e recebiam instruções completas da célula de planejamento da missão.

"Basicamente, eles nos entregam todas as informações, os contatos, tudo o que eles têm quando estamos saindo", disse Hughes. "Então, mesmo após sairmos, eles continuarão trabalhando para obter mais informações, de modo que, sempre que pousarmos, nossas caixas de entrada explodirão com boas informações." Rowe e Wheeland disseram que, assim que chegaram ao Haiti, começaram a trabalhar quase imediatamente para construir um novo heliporto: não havia espaço para pousar aviões e helicópteros ao mesmo tempo, então tiveram que improvisar.

Alimentos começaram a chegar do exterior em aviões militares e civis, que a 621ª carregou em helicópteros que voaram para algumas das áreas mais atingidas, lugares onde todas as árvores foram cortadas. "Começamos a carregar helicópteros com sacos de arroz, tanto quanto eles podiam suportar", disse Rowe. "Acho que às vezes estávamos esgotando a capacidade deles." Enquanto isso, o restante da 621ª montava tendas para que a unidade pudesse alimentar e abrigar os aviadores agora deslocados para o Haiti por um período indefinido.

Ocasionalmente, Rowe e Wheeland embarcavam nos helicópteros e ajudavam a distribuir os sacos de arroz. Wheeland não era dado a expressões afetuosas, mas sua voz se suavizou quando se lembrou dessa interação corpo a corpo com os haitianos. "Essa foi uma das coisas gratificantes", disse ele, "ver que as coisas de fato estavam indo para as pessoas que precisavam." Lembrei-me do que Rebecca Solnit disse sobre o sentimento de propósito compartilhado que surgiu após um desastre natural: era "uma emoção mais grave do que a felicidade, mas profundamente positiva".

A 621ª ficou no solo em Porto Príncipe por catorze dias. E então eles fizeram toda a operação ao contrário. "Após catorze dias vocês simplesmente empacotam tudo, colocam de volta no avião e trazem de volta para cá?", perguntei.

"Sim", disse Rowe, e todos os três aviadores riram.

"Voltamos e temos um período de reconstituição", disse Hughes, "para que possamos fazer com que o equipamento volte a 100% o mais rápido possível e, então, possamos nos preparar para fazer o processo novamente."

A frase que os aviadores usam para descrever o esquadrão que está próximo de se deslocar é "sentado, mas alerta", o que parece capturar o espírito daquele tempo gasto na base. Eles estão tão prontos que estão em repouso.

Cada esquadrão passa três meses do ano em estado de alerta. Wheeland me disse que sua namorada adorava esses três meses, porque foi quando eles passaram a maior parte do tempo juntos. Os aviadores em alerta devem permanecer próximos à base e estão isentos dos exercícios de treinamento fora do local que ocupam o resto do ano.

O outro lado dessa moeda é a possibilidade de serem chamados. Hughes, Rowe e Wheeland estavam todos sentados em alerta quando conversamos – mais do que qualquer pessoa no quartel-general, eram eles que poderiam colocar-se em pé para se deslocar para Florence – e eram o trio mais calmo da base. Não que a tempestade não estivesse na mente deles. "Ontem, recebi uma mensagem de texto do meu pai", disse Rowe. "Ele estava tipo, 'Vocês estão todos prontos para ir embora?', porque todos estão assistindo ao noticiário e sabem o que fazemos neste momento. Eu disse a ele: 'Eu não sei, quando eu receber a ordem, vou receber a ordem. Eu aviso você'."

Perguntei se era difícil para os familiares deles essa combinação de estar, ao mesmo tempo, com maior ou menor probabilidade de se colocar disponível para se deslocar a qualquer dia. Rowe disse que sim. Uma coisa que ele aprendeu foi sempre alertar seus pais para fazerem um seguro de viagem se viessem visitá-lo. Não havia como saber quando o próximo terremoto poderia acontecer, ou se aquele ciclone tropical poderia se transformar em um monstro completo.

Hughes me disse que sua irmã tinha vindo visitá-lo três vezes em McGuire. "Ela viu minha esposa todas as três vezes", disse ele, "e ela me viu uma vez, durante um dia. Quando estou em alerta, eles sabem que há uma boa chance de ser uma visita da família sem a minha presença."

Se a 621ª é a unidade de resposta de vanguarda da Força Aérea, a Alpha Mike é a vanguarda da vanguarda. Eles são a equipe avançada que se desloca antes de qualquer outra, para avaliar qualquer campo de aviação que a unidade esteja planejando usar e ter certeza de que ele suportará o primeiro avião de carga a chegar – e todos os que se seguirem. Enquanto a 621ª tem a capacidade de enviar centenas de homens e mulheres para um desastre, a Alpha Mike mantém o mesmo tamanho: oito aviadores, cada qual especialista em uma parte do que é necessário para determinar se um campo de aviação está pronto para receber tráfego pesado.

Shane Hughes chamou a Alpha Mike de "nosso primeiro grupo mais enxuto e leve de respondentes" enquanto me levava até o hangar onde eles tinham montado sua base. O pacote de alerta desse grupo é muito menor: dois Humvees carregados com suprimentos e dois veículos todo-o-terreno chamados MRZRs ("*em-razors*") para navegar em áreas a que os Humvees não podem ir. É feito para caber no menor dos aviões que a 621ª usa.

Seis membros da Alpha Mike estavam esperando para nos conhecer. Eu disse que Rowe e Wheeland eram os homens mais calmos da base, mas mantive essa opinião até conhecer essa equipe. Em sua camaradagem casual, eles se assemelhavam mais a um time de *kickball* do que a uma unidade militar. Descrevê-los como calmos implicaria que estivessem cientes de uma ameaça em algum lugar no horizonte. (Quem é Florence?)

Hughes me apresentou ao oficial responsável, Major Allen Jennings. Ele era magro, com uma mecha de cabelo raspada perto das orelhas. Antes que eu pudesse fazer uma pergunta, Jennings anunciou que, em vez de conversar no hangar, iríamos dar uma volta nos MRZRs. Recebi um capacete de motociclista (nas missões eles usam capacetes de combate) e o uniforme de combate à prova d'água. "Pode haver um pouco de lama ao longo do caminho", Jennings me avisou, mas "vamos tentar manter o veículo em pé."

O MRZR parecia um carrinho de golfe supercarregado e endurecido pela batalha. Como tudo o mais que a 621ª usa, funciona com combustível de aviação. Fomos os quatro em um dos carrinhos de golfe e saímos em disparada. Meu motorista, no fim das contas, era o sargento Vaughn, o aviador que receberia uma promoção surpresa naquele dia. Ele tinha cabelos escuros penteados para trás, como Marlon Brando em *O selvagem*, se toda a atitude rebelde de Brando fosse substituída por uma modesta seriedade. Fiquei tentado a descobrir se ele sabia o que estava por vir, mas o motor do MRZR estava tão alto que mal podíamos conversar.

Vaughn nos conduziu passando por quartéis, hospitais e pistas cheias de aviões de carga. McGuire faz parte de uma base conjunta com Fort Dix, que pertence ao Exército, e logo entramos em seu território. A única coisa que mudou foram os uniformes de combate dos homens e mulheres que vimos.

Saímos da estrada pavimentada e entramos em uma estrada de cascalho que conduzia até as árvores: a base é grande o suficiente para incluir centenas de hectares de floresta, que o Exército usa para treinamento de combate. Após cerca de quinze minutos, deixamos a estrada de cascalho para dirigir por um trecho sem estrada alguma. Parecia que estávamos mergulhando aleatoriamente no mato. Era essa a ideia – Jennings queria provar que o MRZR era ágil o suficiente para passar pelo meio, por cima ou por baixo de praticamente qualquer obstáculo, fosse uma árvore caída, uma ladeira íngreme ou uma poça de lama como uma sopa. Nós ficamos em pé, embora por vezes fosse difícil.

Paramos quando chegamos a uma clareira, e Vaughn tirou o capacete. Uma mecha de cabelo caiu em seus olhos. "Ei", disse ele, "já que você trabalha na GQ, sabe se há uma pomada para cabelos que resista a um capacete?". (Eu não sabia.) Enquanto isso, toda a equipe havia se reunido em torno de Jennings. "Achamos que aqui seria melhor para conversarmos do que na base", disse ele. Primeiro, ele me mostrou os oito membros da equipe. Na verdade, porém, eram sete mais um: os membros regulares da Alpha Mike, mais um oficial de alto escalão retirado de outro lugar da Força Aérea para lidar com as conversas em terra com o governo local. Esse oficial tinha que ser um O-6 ou superior, o que significava um coronel ou um general.

Os outros foram escolhidos por sua capacidade de fazer o trabalho de colocar um campo de aviação em funcionamento com a menor tripulação possível. Havia um oficial de operações para lidar com o controle de tráfego aéreo, dois engenheiros civis para testar a robustez da pista, um especialista em comunicações para garantir que eles pudessem enviar informações de volta para McGuire e o Pentágono, um especialista em carga ou "carregador aéreo", que era especialista em logística e único membro das forças de segurança, mais fortemente armado do que os outros e com a função de manter toda a operação em segurança. Vaughn fazia a segurança para do Alpha Mike – ele se autodenominava o "policial" da equipe.

Depois que o furacão Maria atingiu Porto Rico, uma equipe Alpha Mike foi enviada à ilha para descobrir quais aeroportos poderiam ser utilizados como apoio para missões de assistência. O aeroporto de San Juan era utilizável – e os suprimentos chegavam dessa forma –, mas o Pentágono não queria atrapalhar os voos civis. (Antes e depois da tempestade, cerca de 400 mil porto-riquenhos deixaram a ilha.) A atenção rapidamente se voltou para uma base naval desativada chamada Roosevelt Roads, a cerca de 64 quilômetros a leste de San Juan. O único problema era que não havia tráfego pesado desde que ela havia sido entregue ao controle civil pela Marinha, em 2004. O trabalho da Alpha Mike era ir para Roosevelt Roads e ver se suas pistas estavam prontas para lidar com a chegada de aproximadamente 18 mil quilos de carga por hora, vinte e quatro horas por dia.

Assim que a equipe desembarcou em Porto Rico, eles começaram a trabalhar. O oficial de comunicações configurou a ligação com o continente, o oficial de operações assumiu a torre de controle de tráfego aéreo existente (embora eles tenham a capacidade de montar sua própria torre portátil), a segurança verificou o perímetro, o O-6 foi fazer tudo o que os coronéis fazem, e os dois engenheiros começaram a testar o asfalto. Isso envolveu dezenas de perfurações ao longo da pista, coleta de amostras e análise de todos os dados que pudessem coletar. O objetivo era determinar não apenas o tamanho do avião que poderia pousar com segurança no campo de aviação, mas também quantas decolagens e pousos a pista poderia suportar no total, antes de se desfazer. Quase meio milhão de quilos de carga diariamente abalaria o funcionamento de praticamente qualquer aeroporto.

Quatro horas. Essa é a quantidade de tempo disponível para que a Alpha Mike entregue sua avaliação de volta à base, antes que as equipes maiores comecem a chegar. Jennings descreveu essa janela como "apertada", a primeira admissão que ouvi de alguém na base de que o que eles fazem é incrivelmente complicado. Para conseguir isso, contou Jennings, eles têm que correr grandes riscos. Muitas vezes, o ritmo é tão intenso que a equipe não tem tempo de desfazer as malas das barracas e roupas cama, e por isso acabam dormindo na rampa. "O desconforto é normal", disse ele. "O desconforto é esperado."

Perguntei a Jennings como mantinha sua equipe pronta para essas missões, sendo os primeiros a se deslocar e com praticamente nenhuma informação sobre o que os esperava. "Bem", ele disse, "não temos escolha." Se a ligação pudesse ocorrer a qualquer momento, a procrastinação seria impossível. Então, eles verificaram e verificaram novamente seus equipamentos. Fizeram as malas. Foram para divertidos passeios com os MRZRs. Praticaram cada elemento de um deslocamento como aquele, parte por parte, depois praticaram a execução completa. "São as repetições e as práticas que fazemos que contam", ele disse. "Para que assim, quando saímos pela porta para de fato fazer o que deve ser feito, ainda que o lugar seja completamente novo, aquilo que se deve fazer já virou rotina."

Por um tempo, achei que a 621ª serviria como um exemplo do poder de usar todas as estratégias que aprendi sobre como lidar com prazos em conjunto. Eles usaram amplamente os prazos autoimpostos, por exemplo, e se tornaram especialistas no tipo de trabalho de equipe interdependente que vi na Best Buy, no Fulton e na fazenda de lírios da Páscoa. Eles executaram diversos exercícios de treinamento, que muitas vezes pareciam indistinguíveis da coisa real – um prazo final flexível e com vigor semelhante ao que vi em Telluride. Eles faziam revisões de acordo com o que verificavam em missão, como quando perceberam a necessidade de construir uma pista de pouso de helicópteros no Haiti. E eram especialistas em dar foco à sua missão, otimizando o tamanho da equipe e fazendo com que o campo de aviação fosse aberto com segurança antes de se preocupar, digamos, com quão confortáveis seriam suas camas naquela noite.

Mas foi só depois de encontrar algumas publicações de um economista do Instituto de Tecnologia de Massachusetts (MIT) chamado Muhamet Yildiz que realmente entendi possível o que tornou o trabalho da 621ª. Yildiz publicou um trabalho intitulado *Optimism, Deadline Effect, and Stochastic Deadlines* [Otimismo, efeito prazo e prazos estocásticos], que tratava da versão negativa do efeito prazo, que faz com que as negociações se arrastem até o último minuto possível.

Yildiz descobriu, no entanto, que esse efeito desaparece se o prazo for "estocástico", o que é apenas uma maneira elegante de dizer "aleatório".

Se, por exemplo, a empresa de transportes Metropolitan Transportation Authority (MTA) [Autoridade Metropolitana de Transporte] e o sindicato dos trabalhadores de trânsito fossem informados de que deveriam ter um novo contrato pronto antes do próximo grande incêndio na via (que ocorre com frequência, mas de forma imprevisível que exige mão de obra extra para ser mantido sob controle), eles teriam a combinação da importância e da aleatoriedade para fechar negócio sem que esperassem por um prazo específico. (Yildiz também me indicou um estudo de leilões da eBay e da Amazon que mostrou que, quando o horário de término do leilão se tornou flexível em vez de permanecer fixo, os lances vencedores foram colocados antes, e os de última hora diminuíram.)

"Ao impor um prazo acionado por um evento que acontecerá em um momento aleatório que esteja além do controle das partes", escreveu Yildiz, o efeito prazo pode ser controlado. A razão para isso é bastante intuitiva: se você acha que pode ficar sem tempo de barganha a qualquer momento, é mais provável que se comprometa.

A Alpha Mike e o resto da 621ª apontavam para os benefícios psíquicos e práticos dessa abordagem. Eles enfrentavam prazos totalmente estocásticos: desastres naturais que poderiam ocorrer em qualquer lugar e a qualquer momento. E, ainda assim, pareciam viver uma vida que era, de alguma forma, ao mesmo tempo arriscada e livre de estresse. Se você acha que o jogo lhe exigirá mostrar as suas cartas a qualquer instante, é mais provável que sempre tenha uma mão forte. (Pode-se fazer o mesmo argumento sobre a própria vida. Afinal, é uma tarefa com um prazo estocástico.)

Como grupo, eles alcançaram o que o psicólogo Mihaly Csikszentmihalyi chamou de "*flow*" – o prazer que você sente quando é levado ao limite para realizar uma meta difícil e válida. Em seu livro sobre o assunto, Csikszentmihalyi cita um dançarino que descreve a sensação que tem quando uma apresentação está indo bem: "Sua concentração é muito completa. Sua mente não está vagando, você não pensa em outra coisa; está totalmente envolvido no que está fazendo... você se sente relaxado, confortável e com energia". "Uma pessoa que experimenta o *flow*", explica Csikszentmihalyi, "não precisa temer eventos inesperados, nem mesmo a morte."

No entanto, nem todos podem contar com um desastre natural para mantê-los alerta. Mas há uma maneira de imitar todo o resto – os exercícios, as checagens programadas, o trabalho diário para nunca ficar para trás – para obter o mesmo efeito. Afinal, mesmo a Alpha Mike não precisava que o furacão realmente *pousasse* para atingir seu estado de prontidão.

Florence, só para mencionar, não causou o tipo de dano que exigia a ajuda da 621ª. Houve mortes, inundações e derramamento de substâncias tóxicas, mas o governo não precisou chamar as unidades de socorro da Força Aérea. Jennings e Vaughn e todo o resto ficaram em casa. Mas estavam prontos do mesmo jeito.

Quando voltamos da excursão do MRZR, a maior parte do esquadrão havia se reunido no hangar da Alpha Mike. Vaughn parecia perplexo: apenas o sargento Abell e três outros sabiam o que iria acontecer – os aviadores foram instruídos a se reunir para um anúncio e pronto. O sargento Vaughn aproximou-se e entrou em formação com todos os outros.

Houve um breve intervalo, em que as nuvens se dissiparam e a luz do sol explodiu pela porta do hangar, quando Abell e Marshall entraram para se dirigir a homens e mulheres. Eles disseram que, desde que assumiram o comando da 621ª, lamentaram ter ficado presos na base enquanto o resto da unidade foi para o campo. "Onde você faz coisas boas", disse Marshall. "Onde você literalmente salva vidas." Nem tudo era monótono na sede, no entanto. Ocasionalmente, eles recebiam a liberdade, concedida pelo Departamento de Defesa, de fazer algo especial.

Recentemente, a Força Aérea foi instruída a aumentar o número de promoções que os comandantes poderiam dar instantaneamente, por meio de um programa denominado STEP: Stripes for Exceptional Performers, prêmios por desempenhos excepcionais. (Não importava quão maravilhoso fosse, tudo o que ocorria nas Forças Armadas recebia um acrônimo enfadonho e impenetrável.) Eles perguntaram aos aviadores se já tinham ouvido falar de uma promoção no STEP – e eles admitiram que sim, embora ninguém nunca tivesse visto uma pessoalmente. Bem, disseram, vamos fazer uma hoje: "Sargento Vaughn, por favor, dê um passo à frente". Um assobio soou no meio da multidão.

"Filho", disse o comandante, "isso aqui vai mudar a sua vida." Ele puxou a insígnia de sargento-chefe – quatro listras em torno de uma estrela – do braço de Vaughn e colocou uma com cinco listras em seu lugar. Vaughn era agora um sargento técnico. Alguém entregou a ele uma garrafa de champanhe. Todo o esquadrão aplaudiu, antes de gritar "Discurso! Discurso!". ("Eu nunca fiz parte de uma unidade em que todas as pessoas se preocupam com você", disse Vaughn, "e a 621ª é assim.")

Mais tarde, Jennings me contou que todo o processo – desde obter a aprovação do Pentágono até trazer a família de Vaughn – havia demorado cerca de doze horas, como, aparentemente, leva qualquer coisa feita pela 621ª. "É literalmente como uma promoção no campo de batalha da Segunda Guerra Mundial", disse ele. Jennings ainda parecia chocado com o que havia acontecido, o que dá uma ideia de como o caminho normal para uma promoção deve ser árduo. Encontrei Rowe e Wheeland parados por perto e perguntei o que achavam. "É muito motivador", disse Wheeland, ao que Jennings acrescentou: "É motivador quando você vê as pessoas certas conseguindo isso".

Eu havia presumido que a promoção STEP seria algo encantador de testemunhar, mas essencialmente sem relação com qualquer sabedoria sobre prazos que eu poderia retirar da 621ª. Conversando com Rowe e Wheeland, no entanto, percebi que estava errado. Esse era outro tipo de prazo estocástico, uma força aleatória, mas poderosa, que tinha o efeito de motivar todo o esquadrão. Uma promoção, ao que parecia, poderia acontecer a qualquer momento, desde que você estivesse operando em um nível alto o suficiente.

De certo modo, sempre que enfrentamos um prazo, somos tentados a usar o senso de urgência para estimular a ação. As táticas que as empresas usam para cumprir seus prazos ou motivar seus trabalhadores são uma forma de reatribuir essa urgência: prorrogando prazos, fragmentando-os em blocos menores, focalizando a missão, tornando as equipes interdependentes. O truque é sentir o efeito do prazo constantemente, mesmo quando ele tiver desaparecido.

A piada que Cyril Parkinson fez no *The Economist* em 1955 – "O trabalho se expande de modo a preencher o tempo disponível para sua conclusão" – também é uma espécie de sentença de prisão perpétua para o trabalho árduo do escritório. Mas e se tentássemos escapar dessa tirania? E se estivéssemos tão prontos para qualquer coisa que pudéssemos estar relaxados independentemente do assunto? Esse estado não começaria a parecer menos com o fim do prazo e mais com estar em paz?

Epílogo

Este livro tinha um prazo. Era o dia 1º de março de 2020. Quando você assina um contrato referente a um livro, pode definir a data em que deseja entregá-lo, e, tendo lido o estudo do censo de Elizabeth Martin, escolhi a data mais próxima e me senti confortável em colocá-la no papel. Eu tinha um ano para fazer relatórios, escrever e revisar o livro antes de enviá-lo para a editora.

O primeiro obstáculo que tive de superar foi algo que meu editor, Ben Loehnen, disse logo após a assinatura do contrato. Ben me contou sobre uma autora com quem estava trabalhando, que ligou para ele em pânico ao perder a data de entrega. Ben, gentilmente, disse à autora para não se preocupar – ele nem sequer controlava o prazo oficial, contanto que o autor não o ultrapassasse muito. Parecia que essa era a norma na publicação de livros, mas era absolutamente fatal para qualquer pessoa, como eu, na esperança de conseguir um prazo para trabalhar com rapidez.

Eu tinha visto o que a flexibilidade dos prazos dos livros havia feito com Robert Caro, autor de *The Power Broker* [O corretor do poder] e quatro volumes de uma biografia planejada em cinco volumes de Lyndon Johnson. Ele havia começado sua carreira no ramo jornalístico, e uma vez conseguira entregar uma reportagem em questão de horas. "Quando comecei a escrever livros", disse ele, "os prazos não eram mais no final de um dia, ou uma semana, ou, ocasionalmente, se você tivesse sorte no jornalismo, um mês. Eles estavam a anos de distância. Mas havia prazos: as datas de entrega da editora. E havia outra restrição: dinheiro – dinheiro para viver enquanto eu fazia a pesquisa. Mas a dura verdade é que, para mim, nenhuma dessas restrições poderia resistir à força dessa outra coisa." A outra coisa, ele explica, era o desejo de continuar pesquisando e relatando antes de começar a escrever. Ele está trabalhando em sua série de livros sobre Lyndon B. Johnson há quase cinquenta anos.

Ben Loehnen e Robert Caro: essas pessoas eram meus inimigos. Meu livro deveria ser entregue em 1º de março, e eu o teria concluído no dia 1º de março. Comecei com um pouco de planejamento do fim para o início. Uma de minhas primeiras entrevistas foi com Bill West, e me lembrei de um aviso que ele me deu. "As pessoas tentam ser muito detalhadas em vez de construir um cronograma de alto nível", disse ele. Descubra as coisas importantes primeiro e preencha os detalhes depois. Eu sabia que precisava terminar todo o relatório até o final do ano e queria o mínimo possível de sobreposição entre os capítulos. Então fiz um calendário simples: dois locais de trabalho na primavera, três no verão, três no outono. (Meu relato de Telluride também ocorreu no outono, mas eu já havia escrito aquele capítulo – isso porque era parte da proposta do livro que me deu o contrato.)

Estabeleci prazos autoimpostos para os capítulos em si, que serviriam como pontos de verificação ao longo do caminho. Eu escreveria cada um depois de terminar os relatos e, então, os colocaria de lado. No final de maio, por exemplo, eu tinha um rascunho completo do capítulo sobre Jean-Georges Vongerichten e o Fulton. Havia até uma espécie de versão para publicação de um jantar para amigos e família, quando um trecho do capítulo do restaurante apareceu na *The New York Times Magazine*. No Fulton, o risoto foi retirado do cardápio naquela noite. Na *Times Magazine*, o Paris Café foi quase todo relegado para a sala de edição.

Minha proposta original tinha nove capítulos: o plano era que a Airbus e o Public Theater fossem seus próprios estudos de caso. Em meados do verão, no entanto, ficou claro que eu teria que focar minha missão. A nova linha de montagem da Airbus para o A220 não estaria instalada e funcionando por mais um ano. E a visão dos bastidores do show de David Cale, embora fascinante, funcionou melhor em um papel de apoio, em vez de protagonista. Então, como John Delaney abandonando sua excursão de ônibus pelos 50 estados, transformei nove capítulos em sete.

Estamos entrando agora na reta final. Depois que o relatório foi finalizado, fiz algo incomum: aceitei um novo emprego, como editor do *New York Times*. Eu estava lendo muitos artigos de ciências sociais e me lembrei de algo que Joseph Heath e Joel Anderson escreveram em *Procrastination and the Extended Will* [Procrastinação e a vontade estendida]: "A melhor maneira de garantir que alguém esteja trabalhando em um nível de intensidade razoavelmente alto é assumir muitas tarefas". Talvez eu também estivesse pensando no escritor vienense Karl Kraus, que afirmou: "Um jornalista é estimulado por um prazo. Ele escreve pior quando tem tempo". Todas as manhãs, eu chegava ao trabalho duas horas antes de todos. Essas seriam minhas duas horas para trabalhar no livro, o que emprestou um foco inegável ao meu trabalho. Caso você pense que estou me assemelhando muito com alguém disciplinado por robôs, devo acrescentar que, no fim desse cronograma, eu estava exausto.

No Ano-Novo, eu já havia estabelecido um prazo suave para mim mesmo, e tinha autoridade sobre ele. Resolvi que terminaria o livro na segunda semana de fevereiro. Para ter certeza de que iria seguir em frente, disse à minha esposa, Georgia, e ao meu agente, Chris Parris-Lamb, que enviaria o livro para eles naquela semana. Foi nesse ponto que cometi um erro. Pensei comigo mesmo: vou tentar enviar tudo a eles, mas não há problema se eu enviar apenas os capítulos centrais do livro e seguir trabalhando na introdução e na conclusão. (Como eu poderia, afinal, estar escrevendo estas palavras se lhes mandei tudo?) E, claro, fevereiro chegou e eu consegui enviar apenas o miolo do livro.

Ainda assim, o prazo flexível me permitiu ter tudo pronto até 1º de março. Com Chris e Georgia e, eventualmente, Ben como meu público-alvo, fui capaz de revisar o que tinha: cortar texto aqui, adicionar uma nova música ali, trabalhar nos meus argumentos dignos de aplauso.

E, por fim, a partir do momento em que assinei esse contrato, todo o arranjo foi de interdependência recíproca. Ben não conseguiu começar a edição até eu entregar o livro; eu não poderia começar a revisar até que Ben me desse suas devolutivas; o editor de texto, o editor que verifica os fatos, o editor de produção e a equipe de publicidade estavam esperando por todos nós. Éramos como a Alpha Mike, mas com menos armas. Era uma máquina de prazos enorme, animada e de alta potência, e quem era eu para atrapalhar o trabalho?

Aqui está a diferença: chegou o dia 1º de março. Eu tinha um livro que pensei estar pronto. Mas não conseguia tirar da cabeça a primeira conversa com Ben sobre a data de entrega flexível. Então, bem no final do processo, perguntei a Ben se eu poderia ter mais um mês, apenas para deixá-lo descansar um pouco, e ele disse que sim. Afinal, tínhamos definido o prazo tão cedo – não havia pressa.

Michael Pollan começou seu livro *Em defesa da comida* com este conselho: "Coma comida. Não muito. Principalmente plantas". Se eu tivesse que resumir este livro em sete palavras, poderia escolher: "Defina um prazo, quanto mais cedo melhor". (Sim, Pollan é mais cativante.) Essas duas ideias estão por trás de todas as organizações de sucesso que abordamos aqui. O prazo fornece o motor; movê-lo mais cedo permite que você dirija o carro.

Podemos ver as evidências em todos os lugares. Na plataforma de financiamento coletivo Kickstarter, projetos com o prazo máximo de sessenta dias são consideravelmente menos bem-sucedidos do que projetos com prazos mais curtos. Na Microsoft, um programa experimental para limitar a semana de trabalho a quatro dias levou a um aumento de 40% na produtividade. Na Nova Zelândia, um plano semelhante também promoveu o aumento da produtividade – e um grande aumento na felicidade dos trabalhadores.

Depois de um ano passado no campo, essa foi a lição que mais me afetou. Prazos, gerenciamento de tempo, produtividade: não são apenas abstrações para os economistas estudarem. Eles determinam as condições materiais de nossa vida.

Era impossível entender os locais de trabalho que visitei sem vislumbrar o mundo econômico e social mais amplo do qual eles faziam parte. Assim, Linda Crockett me ensinou como forçar um lírio da Páscoa a florescer, mas também não conseguia parar de falar sobre a política de imigração e a morte da fazenda da família. O dia de inauguração de Telluride exigiu uma equipe de fabricantes de neve, o que transformou uma história de esqui em uma história de mudança climática. A Best Buy havia dominado a Black Friday, mas em toda a cidade a Macy's estava fechando lojas e eliminando 2 mil empregos em todo o país. Eu poderia conversar sobre táticas eleitorais com John Delaney, mas os fazendeiros de Iowa queriam conversar com ele sobre socialismo e saúde.

Quase cinquenta anos atrás, John McPhee escreveu um artigo para a *The New Yorker* chamado *The Search for Marvin Gardens* [À procura de Marvin Gardens]. Uma parte da história, como é de esperar, foi sobre o Banco Imobiliário. McPhee escreveu sobre o jogo e foi a Atlantic City para rastrear de onde vieram os nomes das várias propriedades. Havia

Boardwalk e Park Place, Ventnor e St. Charles. Um amigo meu chamou essa parte do artigo de História A. Porém, enquanto McPhee dirigia ao redor de Jersey Shore, passando por casas fechadas com tábuas e janelas quebradas, um segundo tema emergiu: o declínio da cidade americana. Quando McPhee finalmente encontra Marvin Gardens, ele descobre que nem mesmo está em Atlantic City. É, como ele escreve, "um subúrbio dentro de um subúrbio". Essa foi a História B.

Para as organizações que estudei enquanto relatava este livro, a História B costumava ser terrível. Os trabalhadores estavam sob considerável pressão, mesmo antes de a pandemia do coronavírus afetar a economia. Estávamos e estamos em um momento de ruptura, deslocamento e frustração. E, ainda, a História A, aquela em que vemos apenas pessoas fazendo seu trabalho, era marcada por alegria e humor. Os trabalhadores que conheci nem sempre sabiam o que o futuro lhes reservava, mas sabiam que, hoje, eles estavam dentro do cronograma e indo bem.

O próprio McPhee confessou ter uma grande ansiedade quando se tratava de escrever. A cada dia, falou, ele ia para o escritório e berrava e gritava, entrava em pânico e procrastinava, verificava suas anotações e reorganizava sua mesa. Mas então, finalmente, no fim do dia, quando não podia mais evitar, ele colocava mais algumas palavras na página. "A rotina de fazer isso seis dias por semana coloca uma pequena gota em um balde a cada dia, e essa é a chave", contou ele. "Porque, se você colocar uma gota em um balde todos os dias, depois de trezentos e sessenta e cinco dias o balde terá um pouco de água."

Em minha viagem jornalística para ver os lírios da Páscoa em Smith River, cheguei tarde da noite a um motel perto do aeroporto em Medford, Oregon. Na recepção, o funcionário tinha acabado de entrar de plantão no turno da noite. Ele ainda nem tinha colocado a camisa do uniforme. Ele me perguntou por que eu havia ido de Nova York até lá, e eu respondi.

Ele também era escritor, afirmou. Havia escrito dez capítulos de um romance de fantasia sobre seres da natureza e paladinos, mas estava empacado agora. Há alguns anos, ele acordou no meio da noite com uma visão perfeita do capítulo final, que escreveu febrilmente no escuro. Mas, agora que havia escrito o final, não conseguia se motivar para preencher o meio.

A resposta foi simples. "Estabeleça um prazo", eu disse a ele. "Quanto mais cedo, melhor." E ele prometeu que faria exatamente isso.

Agradecimentos

Quero agradecer a muitas pessoas que possibilitaram que eu escrevesse este livro. Meu agente, Chris Parris-Lamb, que acompanhou o projeto desde o início, quando meu argumento de venda era pouco mais sofisticado do que "Só quero dizer uma palavra para você: prazos". Seus colegas Sarah Bolling e Will Roberts juntaram-se a nós logo depois disso e foram indispensáveis para divulgar *O lado bom do prazo* para o mundo.

Meus padrões para o que constitui uma boa edição são impossivelmente altos, mas Ben Loehnen os excedeu mesmo assim. Ele tornou *O lado bom do prazo* muito melhor, capítulo por capítulo e frase por frase. Fui ajudado de muitas maneiras por toda a equipe da Avid Reader Press: Jessica Chin, Alison Forner, Morgan Hoit, Elizabeth Hubbard, Carolyn Kelly, Allie Lawrence, Amanda Mulholland e Alexandra Primiani. Kyle Paoletta checou os fatos do livro e quase não encontrou erros.

Partes do capítulo sobre os restaurantes de Jean-Georges Vongerichten apareceram na *The New York Times Magazine*. Sou grato a Claire Gutierrez, Bill Wasik e Jake Silverstein por fazerem perguntas inteligentes e contarem algumas de minhas piadas mais idiotas (deixando algumas intactas). Robert Liguori revisou os fatos mencionados no artigo e quase não encontrou erros.

Se eu pudesse, listaria aqui todos os amigos que me ouviram falar sobre este livro, mas vou destacar alguns que fizeram contribuições discretas e concretas. Rivka Galchen me deu a dica da história de Évariste Galois. Gideon Lewis-Kraus criou o esquema História A / História B. John Jeremiah Sullivan é o chato mais divertido ao editar, produzindo material útil para a introdução. Vários amigos me ajudaram a encontrar lugares para escrever, de uma forma ou de outra: Chris Beha,

Ryan Carr, Alison Cool, Willing Davidson, Deirdre Foley-Mendelssohn, Rafil Kroll-Zaidi, Jim Nelson.

Tive o apoio de várias instituições e *fellowships* enquanto estava fazendo o relatório e escrevendo *O lado bom do prazo*. Sou grato a Robert Boynton e Ted Conover, por me oferecerem uma casa no Instituto de Jornalismo Arthur L. Carter da Universidade de Nova York. A Melanie C. Locay, da Biblioteca Pública de Nova York, por encontrar um lugar para mim na Sala Memorial Frederick Lewis Allen, onde escrevi a maior parte deste livro. E a Zan Strumfeld, Carly Willsie e Josh Friedman, do Logan Nonfiction Program. À bolsa Logan, que me permitiu concluir este livro antes do previsto, o que é algo muito bom para alguém que está escrevendo sobre prazos.

Todas as pessoas mencionadas pelo nome no livro têm minha sincera gratidão por falarem comigo de forma tão generosa e perspicaz. Alguns outros trabalharam nos bastidores para tornar possível o relato sobre cada uma das organizações: Lauren Anderson, Monica Biddix, Josh Constine, Ahmed Elsayed, Laurie Eustis, Rachel Potucek e Elise Reinemann. Matthew Dean Marsh e Dominic Lake forneceram informações úteis sobre o mundo do teatro musical e restaurantes estilosos, respectivamente. Agradecimentos especiais a Nancy Clark, por ser a melhor guia do mundo em Telluride.

Por fim, gostaria de agradecer à minha família por uma vida inteira de apoio: minha mãe e meu pai, Suzanne, Tommy e todos os seis dos meus irmãos. Todo o meu amor a Carson e Alice, por me inspirarem todos os dias. E a Geórgia, acima de tudo, por tudo.

Este livro foi publicado em maio de 2022 pela Editora Nacional.
Impressão e acabamento pela Gráfica Exklusiva.